Guia de Passeios

SÃO FRANCISCO

Roteiros para você explorar a cidade a pé

PUBLIFOLHA

PUBLIFOLHA
Divisão de Publicações do Grupo Folha
Al. Barão de Limeira, 401, 6º andar, CEP 01202-900, São Paulo, SP
Tel.: (11) 3224-2186/2187/2197
www.publifolha.com.br

Coordenação do Projeto
Publifolha
Editora-assistente Paula Marconi de Lima
Coordenadora de produção gráfica Soraia Pauli Scarpa
Produtora gráfica Mariana Metidieri
Capa Helena Garcia – TIL

Produção Editorial
Editora Página Viva
Edição Rosi Ribeiro
Tradução Eric R. R. Heneault
Revisão Bia Mendes e Pedro Ribeiro
Direção de arte Priscylla Cabral
Assistência de arte Bianca Galante

AA Publishing
Autora Eileen Keremitsis
Equipe de desenvolvimento de projeto Donna Wood, Alison Fenton, Helen Ridge, Sharon Amos
Pesquisa iconográfica Alice Earle
Mapas Mapping Services "Department of AA Media Limited"
Tratamento de imagem Sarah Montgomery
Produção Stephanie Allen

Impressão e acabamento: Leo Paper Products Ltd, China.

Foi feito o possível para garantir que as informações deste livro fossem as mais atualizadas disponíveis até o momento da impressão. No entanto, alguns dados como telefones, preços, horários de funcionamento e informações de viagem estão sujeitos a mudanças. Os editores não podem se responsabilizar por qualquer consequência do uso deste guia, nem garantir a validade das informações contidas nos sites indicados.

Os leitores interessados em fazer sugestões ou comunicar eventuais correções podem escrever para a Publifolha, Al. Barão de Limeira, 401, 6º andar, CEP 01202-900, São Paulo, SP, enviar um fax para: (11) 3224-2103 ou um e-mail para: atendimento@publifolha.com.br

Dados Internacionais de Catalogação na Publicação (CIP)
(Câmara Brasileira do Livro, SP, Brasil)

Keremitsis, Eileen
Guia de Passeios : São Francisco / Eileen Keremitsis; [tradução Eric R. R. Heneault]. – São Paulo : Publifolha, 2010.

Título original: History & Mystery : San Francisco
ISBN 978-85-7914-171-3

1. São Francisco – Estados Unidos – Descrição e viagens – Guias 2. Turismo – Guias I. Título. II. Série.

10-01456 CDD-917.9461

Índices para catálogo sistemático:

1. Guias de viagem : São Francisco : Estados Unidos 917.9461
2. São Francisco : Estados Unidos : Guias de viagem 917.9461

A grafia deste livro segue as regras do Novo Acordo Ortográfico da Língua Portuguesa.

À DIREITA: MUSEUM OF MODERN ART E YERBA BUENA GARDENS

SAUSALITO
Golden Gate National Recreation Area
Alcatraz Island
Golden Gate Bridge
20
23
21
Cable Car Museum
Palace of Fine Arts
22
8
7
11
PRESIDIO
Presidio National Park
9
2
3
10
4
6
1
Grace Cathedral
15
14
5
Lincoln Park
24
12
de Young Museum
18
13
19
Golden Gate Park
17
16
NOE VALLEY
OCEAN BEACH
BERNAL HEIGHTS
Lake Merced
DALY CITY
BROADMOOR

SUMÁRIO

Introdução

"São Francisco é uma cidade louca, onde a maior parte dos habitantes é insana", disse Rudyard Kipling (1865-1936) ao visitá-la, em 1889. Ainda hoje, os habitantes daqui se orgulham por sua tolerância com os movimentos alternativos. Os passeios deste guia não somente relembram importantes figuras históricas como também levam você a descobrir peculiaridades e lugares que a maioria das pessoas ainda não conhece. Você vai visitar os pontos mais famosos da cidade, como Chinatown e a ponte Golden Gate, e também se aventurar por pequenos jardins e cruzar com tipos verdadeiramente excêntricos.

Alguns passeios são curtos e podem ser facilmente agrupados, mas outros tomam boa parte do dia. Se sua estadia for muito curta, os passeios mais recomendados são: Os excêntricos do Financial District (Passeio 1), Chinatown – cidade dentro da cidade (Passeio 6), As famosas casas de Postcard Row (Passeio 13), Golden Gate Park – um orgulho de parque (Passeio 19), Apesar de tudo – a ponte Golden Gate (Passeio 23), e, finalmente, Pôr do sol em Land's End (Passeio 24).

Comparada à maioria das cidades, São Francisco é jovem. Os índios *ohlone* que moravam lá não deixaram registros escritos ou vestígios. Os primeiros imigrantes a chegar foram missionários e soldados do México que vieram em 1776, estabelecendo-se em Mission Dolores (Passeio 16) e no Presidio (Passeio 22). Por volta de 1840, uma centena de imigrantes havia se estabelecido à beira da baía. A descoberta de ouro no interior das terras, em 1848, fez com que o comércio crescesse rapidamente e a população chegasse a 50 mil habitantes (Passeios 2 e 3). A corrida do ouro foi breve, mas tornou São Francisco a maior cidade americana da costa do Pacífico, posição que manteve até 18 de abril de 1906. Até hoje há controvérsias para determinar o que terá sido mais destrutivo, o terremoto ou o incêndio que se seguiu por três dias. Cerca de 250 mil pessoas ficaram desabrigadas, mas não se sabe exatamente quantas morreram (de 400 a 4 mil). Se São Francisco renasceu das cinzas como a lendária fênix, nunca mais voltou a ser a maior e mais importante cidade da Costa Oeste – o que certamente explica seu charme.

São Francisco é uma cidade pequena, apropriada para caminhar – mas é também famosa por suas colinas. Em geral, as ruas ignoram as colinas. Ao norte da Market Street, elas são traçadas no sentido leste-oeste ou norte-sul; ao sul da Market, as ruas com nome são paralelas a esta, e as com número a cortam em ângulo reto, transformando ruas aparentemente inofensivas em íngremes ladeiras.

Porém, isso não é motivo para preocupação, pois a rede de transportes públicos é muito boa. O Sistema Muni, como é denominado, tem linhas bem distribuídas de ônibus, bondes históricos e modernos, além de funiculares. A empresa disponibiliza passes para visitantes (que podem ser comprados no centro de informações da Estação Muni/BART da Powell Street), e permitem fazer baldeação sem precisar comprar nova passagem. Para conhecer as linhas, ligue para 511, ou visite www.511.org. Caso queira descobrir a história dos bondes que sobem as colinas, siga o Passeio 9.

Mais uma dica útil: Mark Twain (1835-1910) é conhecido por ter dito que "o inverno mais frio que já presenciei foi um verão em São Francisco". Embora localizada na ensolarada

Califórnia, a cidade sofre rápidas mudanças climáticas diárias e até entre bairros. Por isso, não pense duas vezes em fazer como os habitantes locais: sempre leve um agasalho!

Uma palavra final, citando Kipling mais uma vez: "São Francisco tem um único senão: é difícil deixá-la".

ONDE COMER

$ = Barato
$$ = Moderado
$$$ = Caro

NO ALTO, PÔR DO SOL NA PONTE GOLDEN GATE

PASSEIO 1

Os excêntricos do Financial District

Hoje em dia, bancários, corretores e advogados não são considerados más companhias. Este passeio prova que nem sempre foi assim.

O bairro financeiro de São Francisco já foi o lugar de excêntricos cujas façanhas podem ser reconstituídas ao fazer este passeio e descobrir alguns dos lugares mais prestigiados da cidade. Conheça o negociante de arroz que, após a bancarrota, proclamou-se imperador e emitiu o próprio dinheiro (que era aceito por restaurantes). Descubra o magnata multimilionário que, vestido de trapos e mendigando ossos nos açougues, construiu um imponente hotel e deixou dinheiro suficiente para erguer um observatório astronômico e banhos públicos. Saiba mais sobre o vendedor de legumes que fundou o que viria a ser o Bank of America. Quando o grande incêndio de 1906 aqueceu tanto os cofres dos bancos que nem podiam ser abertos, esse vendedor conseguiu salvar seu dinheiro, carregando-o em uma carroça com outros títulos e ativos e escondendo-os atrás de sua lareira. Quem diria que as altas finanças pudessem estar repletas desses personagens? Recomenda--se fazer este passeio nos dias úteis, quando o bairro fica particularmente animado.

1 Deixe a estação Montgomery Muni/ BART pela saída da Montgomery St.

Olhe na direção da Market Street e veja o imponente Palace Hotel, a âncora que assentou o bairro financeiro no sul dessa rua. Os primeiros sócios do edifício, nos anos 1870, eram William Ralston, que morreu em misteriosas circunstâncias após seus investimentos definharem, e William Sharon, homem frio e exigente cujo conturbado envolvimento com uma mulher muito mais jovem gerou uma escandalosa batalha judicial sobre adultério e pensão.

2 Vire à esquerda na Post Street e vá até o nº 57, no Mechanics' Institute.

Quando a Corrida do Ouro cessou, 50 mil jovens homens chegaram a São Francisco. O Mechanics' Institute foi criado para canalizar a energia dessa juventude em atividades produtivas. Hoje é um excelente clube de xadrez e uma livraria. O baixo-relevo no saguão é do fundador, James Lick (1796-1876), o mais próspero homem da Califórnia até morrer. Após ver seu pedido de casamento recusado pelo pai da amada, deixou a Pensilvânia, aprendeu carpintaria e piano, e começou a fazer fortuna em Nova York, na Argentina e no Peru. Ao chegar a São Francisco, em 1846, comprou (e vendeu) boa parte do que hoje é o centro da cidade. Vestia-se com farrapos, nunca se casou e mendigava ossos nos açougues (para queimar e usar como fertilizante na sua horta de San José). Deixou boa parte de sua fortuna para a fundação de um observatório a sudeste de São Francisco (Lick Observatory). Construiu também um hotel de luxo, destruído pelo fogo em 1906.

ONDE COMER

1 CROCKER GALLERIA,
50 Post Street com Montgomery
Tel. 1-415-393-1505
Restaurantes, cafés e padarias no 1º andar. Faça um piquenique no terraço ou no jardim da cobertura. $

2 NORTON'S VAULT,
500 Sacramento Street
Tel. 1-415-291-7215
Pub amistoso e divertido. $$

3 OMNI HOTEL, 500
California Street com Montgomery; tel. 1-415-273-3085. Para curtir o bar de Bob's Steak and Chophouse e suas fotos históricas. $$

3 Volte até a esquina e atravesse a rua. Ao lado do imponente Wells Fargo Bank, na esquina com a Montgomery Street, fica a Crocker Galleria.

Esta pequena via comercial era antigamente a James Lick Alley, situada atrás do hotel Lick (o mais elegante da cidade até a abertura do Palace). Atravesse a Crocker Galleria até a Sutter Street (do nome do dono da terra onde o ouro foi descoberto, mas que morreu pobre por causa de grileiros que o desapossaram de seus bens).

À ESQUERDA: O JARDIM DA COBERTURA DO WELLS FARGO BANK

DISTÂNCIA 2 km (1,3 milha)

DURAÇÃO 1h30

INÍCIO Estação de metrô Montgomery Muni/BART (saída Montgomery St)

TÉRMINO Estação de metrô Montgomery Muni/BART

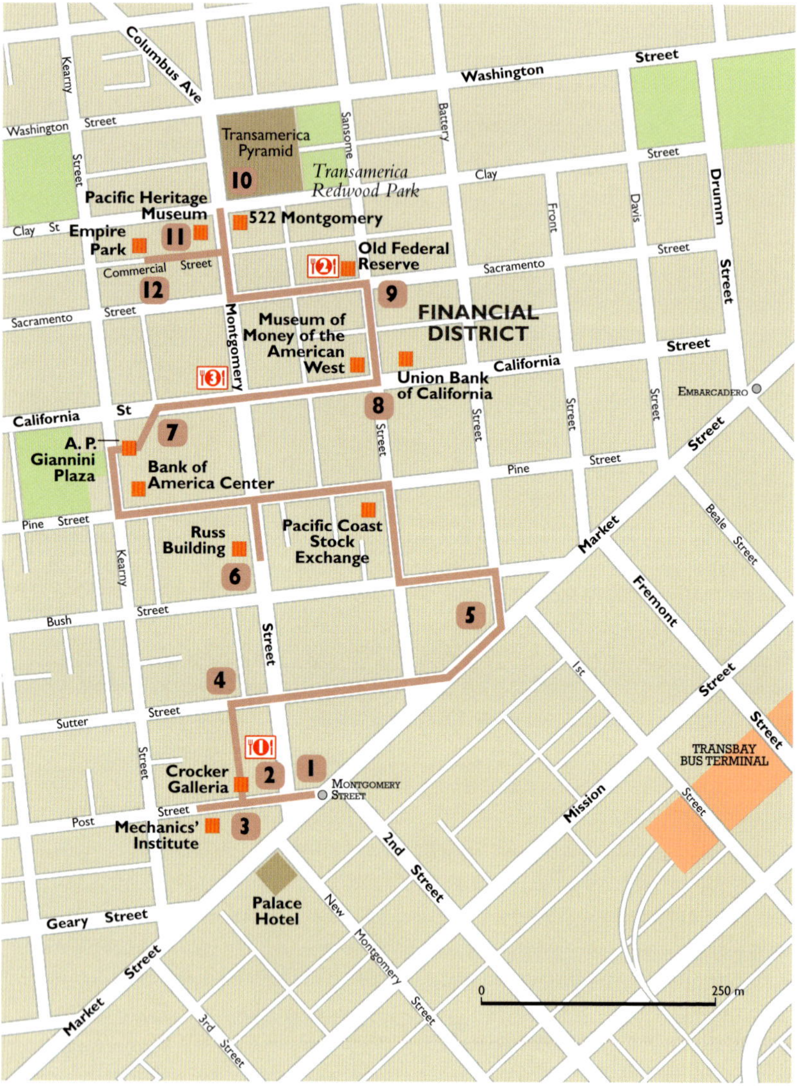

4 Vire à direita na Sutter até a Market Street e entre à esquerda nela. Logo antes da Battery Street, veja o pequeno monumento dedicado ao inventor dos caça-níqueis.

O primeiro caça-níqueis, o Liberty Bell, foi inventado em 1895 por um mecânico de São Francisco, Charles Fey (1862-1944). Quem conseguia três sinos da liberdade (*liberty bells*) em fileira, recebia US$0,50 ou dez níqueis.

Perto daqui, foi capturado o bandido poeta "Black Bart" Bolton. Ladrão de diligências que aterrorizou a região nos anos 1870 sem jamais disparar uma arma, sempre deixava no local do assalto um poema cheio de remorso assinado por Black Bart PO8. Foi reconhecido devido ao selo de uma lavanderia em seu lenço.

5 Entre na Battery Street, vire à esquerda na Bush e logo à direita na Sansome (lado esquerdo da rua). Dê uma espiada no saguão Art Déco do City Club, um clube privado, no nº 155 da Sansome (construído em 1930 como escritório da antiga Bolsa de Valores do Pacífico). Vire à esquerda na Pine Street e passe em frente da antiga Bolsa de Valores, adornada por duas imponentes estátuas de Ralph Stackpole (1895-1973): *A Fertilidade da Terra* e *O Gênio Inventivo do Homem*, que, juntas, representam a agricultura e a indústria da Califórnia. Como hoje a bolsa é virtual, o prédio foi transformado em centro esportivo. Siga pela Pine e vire à esquerda na Montgomery Street, seguindo até o nº 235, onde fica o Russ Building.

Este prédio parece uma catedral. Seu nome vem de J. C. Christian Russ, que, ao chegar à cidade, em 1847, utilizou material de sucata para construir 30 casas no seu terreno (então situado no subúrbio). Os aluguéis subiram durante a Corrida do Ouro, e ele investiu os lucros na construção de um hotel no lugar (destruído em 1906).

CITY CLUB; 155 SANSOME STREET; www.cityclubsf.com/new_art_and_arch.htm

6 Volte para a Montgomery Street. Vire à esquerda na Pine e admire o imponente prédio marrom do Bank of America à direita. Então vire à direita na Kearny e entre no A. P. Giannini Plaza.

A. P. Giannini (1870-1949) fundou o Bank of Italy, que logo se tornaria o Bank of America. No início, o Bank of Italy era tão pequeno que utilizava os cofres de um outro banco. Na manhã de 18 de abril de 1906, este banco fechou seus

ACIMA: DIGNA DE UMA CATEDRAL, A FACHADA DO RUSS BUILDING

cofres antes que os fundos do Bank of Italy fossem ali depositados. Como o fogo se aproximava, Giannini (antigo vendedor de legumes) colocou dinheiro vivo, títulos de crédito e outros ativos em uma carroça de legumes e, durante a noite, levou escondido tudo para sua casa no subúrbio. Mesmo depois de controlado o fogo, devido ao calor, os cofres dos bancos ficaram semanas sem poder ser abertos, mas o Bank of Italy pôde conceder empréstimos imediatamente.

7 Vire à direita e desça a California Street. Cruze a Sansome Street e entre no Union Bank of California, no nº 400 da California. Desça até o Museum of Money of the American West.

Conheça William Ralston, que teve papel de destaque na fundação do Bank of California, e veja as ótimas exposições de antigas moedas, notas, livros contábeis, fotografias, entre outros objetos.
MUSEUM OF MONEY; entrada grátis

8 Saindo do banco, vire à esquerda na Sansome. Na altura da Sacramento Street, veja o prédio da Old Federal Reserve, na Sansome nº 400.

O arquiteto George Kelham (1871-1936) utilizou pesadas estruturas clássicas para dar a este templo do dinheiro um aspecto imponente. Serviu de sede ao Federal Reserve Bank de 1923 a 1983. O Fed foi transferido para um edifício de alta segurança na Market Street, e hoje o prédio abriga escritórios de advocacia. A escultura de bronze data de 1986.

FEDERAL RESERVE BANK;
www.frbsf.org/federalreserve/visit/tours/tours.html

9 Vire à esquerda na Sacramento e à direita na Montgomery Street. Visite o saguão da antiga sede do Bank of Italy, na Montgomery nº 552.

Na época em que os bancos eram para os ricos, A. P. Giannini era chamado de "banqueiro dos simples". Atendia no saguão para poder saudar todos os clientes.

10 Atravesse a Montgomery e volte para a Commercial Street. Vire à direita. Pare no nº 608 da Commercial Street, onde fica o Pacific Heritage Museum.

O museu traz exposições sobre culturas da costa do Pacífico, e uma réplica de um antigo cofre com sacolas de ouro.

11 Siga mais adiante pela Commercial Street até o Empire Park.

Joshua Abraham "Emperor" Norton viveu aqui, no que já foi a Eureka Boarding House. Norton fez fortuna na cidade, mas desapareceu depois de perder tudo no mercado de arroz. Quando voltou, vestido a caráter com chapéu emplumado, fraque e espada, declarou-se imperador dos EUA. Milhares compareceram a seu enterro, no inverno de 1860.

12 Volte pela Commercial Street, vire à direita na Montgomery e retorne à estação de metrô Muni/BART em Market Street.

À DIREITA: ESCULTURA DE HERMES EM BRONZE NO ANTIGO PRÉDIO DO FEDERAL RESERVE BANK

ESERVE BANK OF SAN FRANC

PASSEIO 2

Chocolate, sexo e mergulho nas docas

Um passeio que explora a antiga área de Barbary Coast com suas figuras insípidas e suas bebidas e comidas indiscutivelmente saborosas (e doces).

Durante a Corrida do Ouro, quando a linha costeira ficava bem aqui e havia 50 homens para cada mulher, este bairro era perigoso e dissoluto. Marinheiros que chegavam ou mineiros que voltavam da busca do ouro podiam saciar-se com uísque, perder tudo no pôquer ou passar o tempo com alguma meretriz. Podiam também ser surrados, drogados e jogados dentro de um navio, em direção à China. Quando a porcentagem de homens e mulheres começou a se equilibrar e a zona portuária foi ocupada, boa parte desta área manteve seu caráter sombrio, voltando a prosperar durante a Lei Seca. Hoje em dia, você passeia em algumas das mais antigas ruas da cidade e passa diante de ricas lojas de antiguidades. Visite o restaurante onde Alfred Hitchcock inventou o coquetel Mimosa. Veja onde nasceu o império do chocolate de São Francisco. Conheça as histórias de amor verdadeiro e luxúria, e a de um antigo travesti que pagava para prestar serviços na Parisian Mansion. Um passeio para ser feito nos dias úteis.

1 Pegue o ônibus nº 1, 20 ou 41 até a esquina da Clay com a Montgomery Street, no pé da Transamerica Pyramid, de 260m de altura.

Neste lugar, os escritórios do quarteirão da Montgomery foram projetados e construídos para suportar terremotos, incêndios e enchentes – e o fizeram com êxito por um século (1853-1959). Com a criação de mais áreas empresariais, jovens artistas e escritores começaram a alugar salas aqui. O restaurante Coppa's foi muito popular (pelo menos entre os artistas, que podiam pendurar a conta).

2 Siga a Clay até o Redwood Park. Se as portas estiverem fechadas, continue na rua até a Sansome Street, vire à esquerda, e de novo à esquerda na Mark Twain Place.

Durante os anos 1860, ao visitar São Francisco, Samuel Clemens (Mark Twain, 1835-1910) encontrou um bombeiro chamado Tom Sawyer. Twain gostou do nome e do homem e, mais tarde, tornou-o famoso. A fonte representa a *Rã Saltadora do Condado de Calaveras*, conto de Mark Twain. Repare também na placa da escadaria, dedicada a Bummer e Lazarus, os dois cachorros mais famosos da cidade, que viveram nos anos 1860.

3 Ao sair do parque, vire à direita na Mark Twain Place. Na Sansome Street, vire à esquerda. Atravesse a Washington Street e vire de novo à esquerda. Dobre à direita na Hotaling Place e pare no fim do quarteirão.

A placa do muro mostra a resposta de São Francisco aos moralistas que proclamavam que a calamidade de 1906 havia sido a resposta de Deus à fraqueza humana:

Se, como dizem, Deus castigou a cidade
por ser leviana demais,
Por que então Ele queimou as igrejas
e salvou o uísque de Hotaling?

A resposta? Talvez porque as pessoas não fossem tão levianas assim, ou porque, quando os bombeiros quiseram explodir Hotaling para impedir a propagação do fogo, alguém notou que a explosão de um depósito de 5 mil barris de uísque poderia criar ainda mais problemas. Os prédios daqui e da esquina são da época da Corrida do Ouro, graças a Hotaling.

Veja as venezianas de aço à prova de fogo no prédio da Hotaling e outros prédios. Quando a cidade era quase toda de madeira, os incêndios eram comuns. (Foi nos anos 1850, e não em 1906, que a fênix se tornou o símbolo oficial de São Francisco.)

4 Vire à direita na Jackson Street. Este bairro é chamado Jackson Square, embora não haja nenhuma praça. A Hotaling's Whiskey ficava nos nºs 445 e 451 da Jackson, enquanto nos nºs 415-431 ficam a sede original da fábrica e os armazéns da Ghirardelli Chocolate.

Domenico Ghirardelli, nascido na Itália, chegou à Califórnia e começou o que seria uma produção de chocolate muito bem-sucedida. Nos anos 1890, seus filhos se mudaram para Pioneer Woolen Mills, perto de Fisherman's Wharf, onde hoje fica a Ghirardelli Square.

À ESQUERDA: O ESPELHO D'ÁGUA COM RÃS DO TRANSAMERICA REDWOOD PARK

2

DISTÂNCIA **1,6km (1 milha)**

DURAÇÃO **1h30**

INÍCIO **No pé da Transamerica Pyramid**

TÉRMINO **No pé da Transamerica Pyramid**

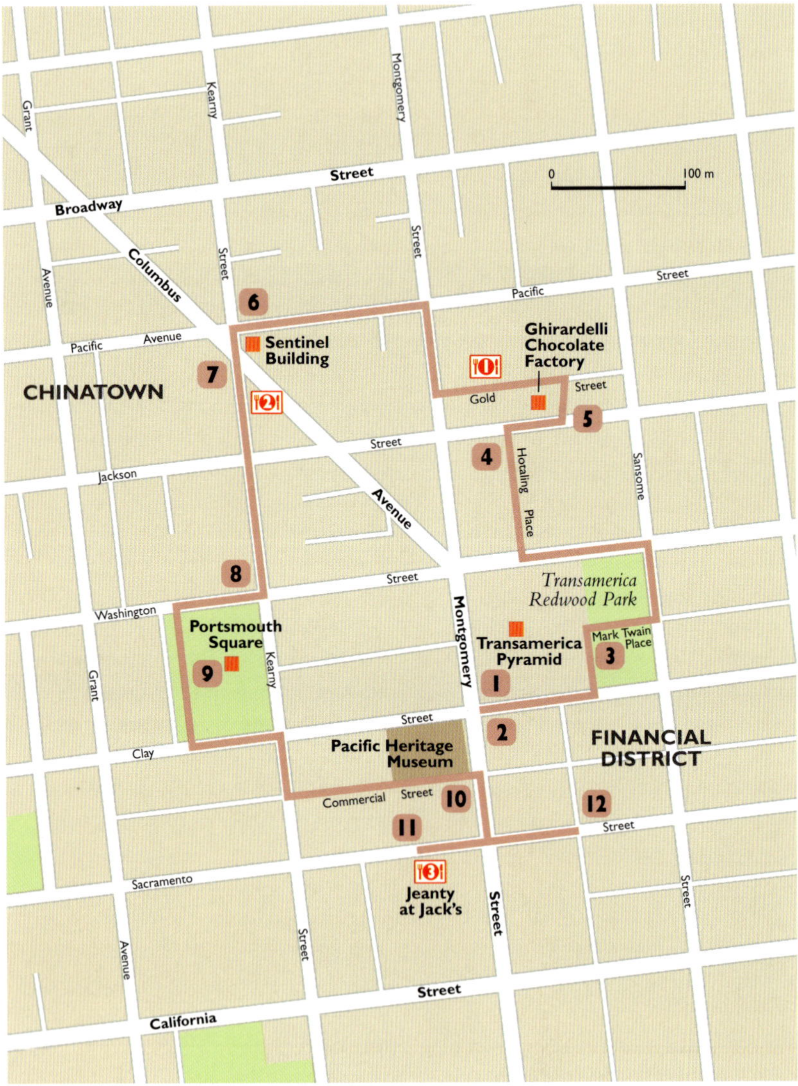

5 **Atravesse a Jackson e siga a Balance Street, então vire à esquerda na Gold. A Gold Street deve seu nome aos avaliadores de ouro que nela trabalhavam. Já o nome Balance Street vem do navio *Balance*, naufragado perto daqui. Dobre à direita na Montgomery e depois à esquerda na Pacific.**

Conhecida como Terrific Pacific Street, esta quadra foi alvo, em 1908, de uma batida policial que encontrou 24 "hotéis", cabarés e bares. Antes disso, o prédio de tijolos da esquina da Montgomery (nºs 470-492 da Pacific) tinha um formato típico, com espaço aberto para o bar no térreo e salas privadas em cima.

No nº 535 da Pacific Street, havia shows de cancã e dançarinas do ventre na época áurea. Havia aqui uma destilaria durante a Lei Seca. Em 1961, o grupo Kingston Trio comprou o prédio e o transformou em auditório, e Francis Ford Coppola o utilizou como estúdio de cinema quando trabalhou em *Apocalypse Now* e *O Corcel Negro*.

No nº 555 da Pacific Street, o Hippodrome era um bar de jogos com pista de dança. Os atuais moradores ainda mantêm as temáticas esculturas do baixo-relevo na entrada do prédio.

6 **Continue na Pacific até a esquina com a Columbus Avenue, e veja à esquerda o Sentinel Building, coberto de cobre e aço, nos nºs 916-920 da Kearny Street com a Columbus.**

Político notoriamente mais corrupto da cidade, o advogado Abe Ruef quis abrir aqui um escritório de advocacia, mas o incêndio de 1906 e, depois, sua condenação e prisão puseram fim a seu projeto. Porém, ao ser libertado, em 1915, abriu um negócio chamado "A. Ruef, Ideas, Investments and Real Estate".

O atual Café Zoetrope, de Francis Ford Coppola, foi bar clandestino na Lei Seca.

7 **Vire à esquerda na Kearny Street e passe diante do Sentinel Building.**

Ao atravessar a Jackson Street, você passa perto do que era o Hotel Nymphia, um prostíbulo que pertenceu à Twinkling Star Corporation de 1899 a 1903. Esperava-se lotar os 450 quartos apenas com ninfomaníacas que trabalhassem de graça, mas, mesmo com "trabalhadoras" que exigiam pagamento, a Twinkling Star conseguiu lucros muito altos.

8 **Na Washington Street, vire à direita e entre na Portsmouth Square.**

Atualmente, o centro original da cidade é frequentado por moradores de Chinatown. Os relatos históricos não mencionam que havia muitos bares e salas de jogos em volta da praça. Irene McCready e Belle Cora, famosas cafetinas da época da Corrida do Ouro, tinham prostíbulos no lugar. Veja o monumento com a romântica e melancólica poesia de Robert Louis Stevenson (1850-94).

9 **Atravesse a Portsmouth Square até a Clay Street e vire à esquerda. Cruze e dobre à direita na Kearny Street e à esquerda na Commercial Street.**

JEANTY AT JACK'S
615

No século 19, este era o French Quarter, com vários prostíbulos, como a Parisian Mansion, no nº 742 da Commercial. Os pais traziam os filhos aqui para que aprendessem a linguagem do amor. Havia também um travesti que tinha um acordo especial com a cafetina – chegava toda manhã, colocava o uniforme de empregada doméstica, limpava o estabelecimento de ponta a ponta, pagava US$ 5, vestia de novo suas roupas e saía. Por um tempo, o artista plástico Rube Goldberg (1883-1970) foi proprietário de um prédio no nº 755 da Commercial.

10 Vire à direita na Montgomery Street e, em seguida, dobre à direita na Sacramento Street, até o Jeanty at Jack's, no nº 615.

Aberto em 1864 (e reconstruído depois de 1906), o Jack's tinha um clássico restaurante francês com duas entradas. As famílias entravam pela porta principal para saborear uma ótima refeição na suntuosa sala de jantar do térreo. A entrada alternativa, que dava para um elevador, era reservada à clientela de encontros discretos. Os andares superiores ofereciam salas privativas com sofás ou camas. As salas do segundo andar ainda podem ser visitadas, mas hoje são abertas e a comida é excelente. Clark Gable, Cary Grant, Ingrid Bergman, Frank Sinatra e Ernest Hemingway figuram entre os que já frequentaram o Jack's. E diz a lenda que um dia de manhã, para curar uma forte ressaca, Alfred Hitchcock teria criado aqui o coquetel Mimosa, ao misturar suco de laranja com champanhe.

ONDE COMER

1 BIX RESTAURANT,
56 Gold Street
Tel. 1-415-433-6300
Clube de jazz que foi escritório de um avaliador de ouro. $$$

2 CAFÉ ZOETROPE,
916 Kearny Street
Tel. 1-415-291-1700
Refeições leves, além de comida tipicamente italiana. $$

3 JEANTY AT JACK'S,
615 Sacramento Street
Tel. 1-415-693-0941
Boa comida, mas vale a pena visitar para conhecer as salas de cima. $$

11 Volte pela Sacramento até a placa comemorativa da What Cheer House, na esquina da Leidesdorff.

Ao contrário das maneiras dissolutas da antiga São Francisco, o hotel What Cheer House tinha regras estritas: proibia mulheres e álcool!

A rua tem o nome de William Leidesdorff (1810-48), negociante, capitão de navio, comerciante no porto e contrabandista. Mulato, chegou a São Francisco em 1841, vindo de New Orleans, porque o pai de sua amada se opôs ao seu casamento devido à sua cor.

12 Volte até a Transamerica Pyramid, retornando pela Sacramento Street e à direita na Montgomery.

À ESQUERDA: O RESTAURANTE JEANTY AT JACK'S, ONDE HITCHCOCK TERIA INVENTADO O COQUETEL MIMOSA

O SENTINEL BUILDING, COBERTO DE COBRE, COM A TORRE DA TRANSAMERICA PYRAMID ATRÁS, À ESQUERDA

PLANT

PASSEIO 3

Tesouro escondido na orla marítima

Um passeio pelo que já foi a baía e a orla marítima, passando por um cemitério náutico e vários tesouros antes escondidos.

Os indígenas pescavam e caçavam aqui ao longo da costa da baía. Quando o ouro foi descoberto, trazendo levas de novos moradores, a maré chegava a avançar 0,8km além da costa atual. Os barcos da Corrida do Ouro foram abandonados no porto. Alguns afundaram na lama; outros foram usados como escritórios, depósitos, lojas e hotéis, até serem destruídos pelo incêndio, assim como tudo que ficava acima do nível do mar. Entulhos de navios se misturaram à areia das dunas próximas para formar um espaço seco e firme. Para nossa sorte, nas últimas décadas, as escavações de novos arranha-céus sempre foram acompanhadas por arqueólogos para verificar o "valor histórico dos recursos culturais submersos". Esses prosaicos recursos são conchas, jarras de azeitonas, garrafas de champanhe, armas, pregos, porcelanas e até cascos inteiros de navio. Na cidade das colinas, não é por acaso que este passeio é plano. Há 200 anos, você teria escalado dunas de areia ou caminhado na lama, mas hoje a área está lindamente pavimentada!

1 Pegue o bonde F-Market ou qualquer ônibus ou bonde que pare no Embarcadero. (Na estação de metrô Embarcadero Muni, pegue a saída da Spear Street.) Caminhe pela Market Street em direção ao Ferry Building, na esquina da Steuart Street.

Ao escavar o túnel para trazer a linha de metrô Muni até um novo estádio, os operários e arqueólogos ficaram surpresos ao descobrir vestígios do navio *Rome,* da época da Corrida do Ouro, enterrado abaixo do que hoje é um parque.

2 Vire à direita na Steuart Street. Na Mission Street, atravesse e entre no Rincon Center.

Este prédio – hoje de escritórios, restaurantes e apartamentos – é o ótimo resultado da "reutilização", com um saguão que lembra bastante a época em que era um posto do correio (exceto que hoje não há mais filas). Para ter uma ideia geral da história de São Francisco, não perca os murais, cuja inspiração "esquerdista" gerou muita controvérsia quando foram inaugurados.

Antes do correio, este lugar abrigou uma pensão para marinheiros. As escavações revelaram inúmeros objetos domésticos, como cerâmicas, garrafas de vidro, peças de metal e muita porcelana chinesa (o que indica que havia um restaurante ou uma lavanderia chinesa por perto).

3 Continue pela Mission Street e atravesse a Spear Street no nº 100.

A hélice gigante na frente mostra o amor do proprietário por objetos náuticos. No saguão ficam os modelos dos barcos que trouxeram imigrantes para São Francisco. (Aberto apenas nos dias úteis.)

4 Siga pela Mission até a 1st Street. Cruze a 1st Street e vire à direita. Na Market Street à esquerda fica a placa que marca o local da costa original.

Na época da Corrida do Ouro, o que hoje é a Market Street – onde fica o Ferry Building – era o segundo mais longo cais da cidade. Por todo esse caminho você anda sobre tesouros enterrados. Não apenas pisa sobre vestígios dos navios *Othello, Byron, Callao, Panama* e *Trescott* como, além deles, anda sobre outro tipo de tesouro: o imobiliário. Depois de o governo dos EUA

À ESQUERDA: MURAL NO RINCON CENTER; ACIMA: A GIGANTE HÉLICE DE BRONZE NA SPEAR STREET

DISTÂNCIA 3,2km (2 milhas)

DURAÇÃO 2 horas

INÍCIO E TÉRMINO Estação de metrô Embarcadero Muni/BART (saída pela Spear St), ou parada Ferry Building do bonde F-Market

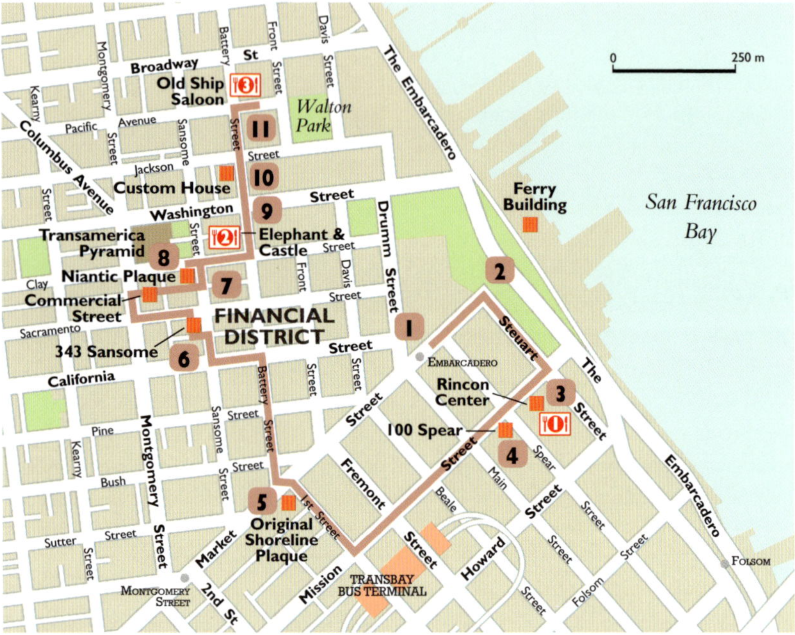

reivindicar a Califórnia, vendeu lotes que não existiam, esperando dois retornos: gerar dinheiro e aterrar a baía. Linhas de postes foram fincadas na lama para demarcar os "lotes d'água", submersos na maré alta e supostamente secos na baixa – alguns nunca emergiram. O governo teve certo lucro, mas quem comprou e vendeu ganhou muito mais. Os lotes comprados na faixa de US$16 a US$50 em 1848 foram vendidos na faixa de US$40 a US$100 em 1849, e por US$8 mil e até US$16 mil quatro anos depois.

5 Cruze a Market e continue em frente, na Battery Street. Vire à esquerda na California Street (lugar de um antigo cais), e à direita na Sansome Street. Entre no nº 343 da Sansome.

À direita, no saguão, ficam expostos os objetos achados debaixo deste prédio de escritórios durante as escavações de 1989, e que devem ser de uma loja das docas da época da Corrida do Ouro. Para ter uma linda vista do bairro, vá de elevador até o jardim da cobertura, no 15º andar.

À DIREITA: O JARDIM PÚBLICO DA COBERTURA, NO 15º ANDAR, DO Nº 343 DA SANSOME STREET

ONDE COMER

1 PRAÇA DE ALIMENTAÇÃO NO RINCON CENTER,
121 Spear Street
Tel. 1-415-777-4100.
Praça de alimentação bem conhecida com surpreendente cascata. $

2 ELEPHANT & CASTLE PUB,
425 Battery Street com a Clay
Tel. 1-415-268-3900
Divertido pub sobre os vestígios do navio *General Harrison*. $$

3 OLD SHIP SALOON,
298 Pacific Avenue com a Battery
Tel. 1-415-788-2222
Sanduíches e comidas leves. $$

6 Volte para o térreo e, ao sair do elevador, passe diante da escultura de bolas de metal flutuantes. Saia do prédio e vire à esquerda na Sacramento Street, depois à direita na Montgomery, e de novo à direita na Commercial.

A Commercial Street, antes chamada "Longo Cais", era o centro das atividades durante o auge da Corrida do Ouro.

7 Na Sansome Street vire à esquerda, atravesse a Clay e procure a placa do imóvel da esquina (na Clay Street).

Este é o lugar onde ficava o navio *Niantic*. Após ter sido abandonado pela tripulação devido à Corrida do Ouro, foi vendido a empresários locais, que o trouxeram para o Longo Cais na maré alta. Cobriram-no com telhado de madeira, seu deque foi dividido em lojas e escritórios, e se abriram portas no casco, que se tornou um armazém. Os aluguéis então chegavam ao astronômico valor de US$20 mil por mês. Depois do grande incêndio de maio de 1851, em que o navio se incendiou até o nível do mar, o lugar foi aterrado, e, sobre as ruínas, construiu-se o Niantic Hotel. Nas escavações de 1872 foram encontradas na lama 35 caixas de champanhe Jacquesson Fils (ainda em bom estado de conservação). Em 1978, quando a construção de um novo prédio exigiu escavações maiores, foram encontradas mais 13 garrafas, além de outros objetos.

8 Siga pela Clay Street até a Battery Street, onde fica o Elephant & Castle, no nº 425 da Battery.

Durante as escavações de 2001, os arqueólogos encontraram, intato na lama, o *General Harrison*, de cerca de 39m de comprimento, 7,9m de largura e 4m de profundidade, com casco interno de 25m de comprimento. A proa continua enterrada sob um prédio que já existia. Admire as linhas curvas do deque, assim desenhadas para ressaltar a forma do casco interno.

Não hesite em aproveitar para tomar uma bebida no lugar e sinta-se feliz por não ter que se preocupar com Xangai. Isso poderia ter sido um problema no século 19, quando muitos navios que aportavam perdiam a tripulação (e frequentemente os oficiais) devido à

Corrida do Ouro. Alguns navios (como o *General Harrison*) nunca mais deixaram o porto. Mas, para os capitães que queriam voltar ao mar, achar uma nova tripulação não era tarefa fácil. A vida de marinheiro era árdua e as oportunidades em terra, ótimas. O motivo? Xangai. Jovens homens – com ou sem experiência do mar – que vinham para as docas eram aparentemente convidados a tomar algo ou fumar um cigarro. Drogados com ópio ou láudano, os jovens eram levados a bordo, e logo descobriam que estavam em alto-mar, navegando a caminho de Xangai ou outro porto distante.

9 Vire à esquerda na Battery. Logo depois da Washington Street, passe em frente à Custom House.

Os navios *Georgian* e *Louisa* estão enterrados aqui. A alguns quarteirões (saindo da Jackson Street perto da Sansome) fica a Balance Street, uma das menores ruas da cidade. Apesar de situada na região dos avaliadores, a rua deve seu nome a um barco. O *Balance* pertenceu a um americano que o capturara dos ingleses, que, por sua vez, haviam lhe roubado um navio. Assim, ele achou que um roubo contrabalançava o outro e deu esse nome ao navio. O *Balance* afinal naufragou perto da rua que, ainda sem nome, acabou sendo chamada pelo nome da embarcação.

A maciça arquitetura da Custom House lembra a imponente presença do governo federal nos dias em que este era o maior porto da costa oeste. Antes mesmo do imposto de renda, as taxas sobre importação e exportação eram a principal fonte de renda do governo nacional. (A Custom House hoje está fechada por motivos de segurança.)

10 Continue na Battery Street até a Pacific Avenue, e o Old Ship Saloon, no nº 298 da Pacific.

Os vestígios do *Arkansas* estão enterrados aqui. Veja as fotos históricas nas paredes.

11 Para voltar ao ponto de partida no Ferry Building, siga a Pacific até o parque da Front Street, vire à direita, e depois à esquerda na Jackson, à direita na Drumm Street, à esquerda na Washington e de novo à direita, ao longo do Embarcadero.

ACIMA: O HISTÓRICO FERRY BUILDING E A TORRE DO RELÓGIO, NA ORLA

PASSEIO 4

No centro, à procura do *Falcão Maltês*

Caminhe sobre os passos de Dashiell Hammett, pai do romance policial americano, que viveu e escreveu aqui nos anos 1920.

Samuel Dashiell Hammett (1894-1961) estudou pouco (deixou a escola com 14 anos) e teve vários empregos (na Baltimore & Ohio Railroad, em fábricas, como corretor e em trabalhos temporários). Porém, quando respondeu a um misterioso anúncio de jornal e foi contratado pela Pinkerton National Detective Agency, sua vida mudou. Menos rotina e muitas viagens, a novidade e o perigo, agradaram ao jovem Hammett, pelo menos por um tempo. Hospitalizado com um começo de tuberculose, apaixonou-se pela enfermeira Josephine Dolan. Foi com ela que se mudou para São Francisco, trabalhando para uma filial da Pinkerton, e começou a escrever e publicar histórias policiais. Este passeio foca os principais lugares da vida de Hammett na cidade, e aqueles por onde passaram seus personagens: Sam Spade, Brigid O'Shaughnessy, o Continental Op, o homem gordo, além de seus amigos e adversários. Passa também pela Union Square, o antigo centro de varejo de São Francisco, e atravessa Little Paris, o Financial District, a região dos teatros e os limites do agitado Tenderloin.

1 Desça do bonde da Powell Street no cruzamento com a Pine Street. Vire à esquerda na Pine e à direita (descida) até o nº 20 da Dashiell Hammett Street (antiga Monroe Street).

Enquanto Josephine e as crianças moravam a alguns quarteirões de distância (no nº 620 da Eddy Street), Hammett alugou uma sala aqui, a fim de poder se concentrar para escrever – e beber – à noite, enquanto de dia escrevia anúncios para a Samuels Jewelers.

A Monroe Street foi rebatizada Hammett em 1988, na mesma época que outras pequenas ruas o foram com nomes de escritores e artistas como Mark Twain, Jack London, Frank Norris, Richard Henry Dana, Isadora Duncan, Benny Bufano, Bob Kaufman, Ambrose Bierce, Jack Kerouac, Kenneth Rexroth e William Saroyan. A placa da rua mudou, mas Monroe continua mencionado na calçada na esquina. Diz a lenda que as pessoas resolveram marcar também o nome das ruas no cimento, depois que o incêndio de 1906 derreteu todas as placas com nomes de ruas.

2 Continue na Hammett Street até a Bush. Dobre à esquerda na Bush até a Stockton, atrevesse e suba a ladeira até a Burritt Alley.

No *Falcão Maltês*, Sam Spade recebe uma chamada de noite para vir até aqui, onde a "Bush Street acolhe a Stockton", para identificar o corpo de seu parceiro, Miles Archer, que foi morto por Brigid O'Shaughnessy. Veja a placa na parede.

ONDE COMER

1 JOHN'S GRILL,
63 Ellis Street
Tel. 1-415-986-0069
Tome uma bebida ou coma um prato no ambiente que Hammett curtia. $$

2 TUNNEL TOP BAR,
601 Bush Street perto de Burritt Alley; tel. 1-415-986-8900
Bebidas e música. $$

3 CAFÉ CLAUDE,
7 Claude Lane
Tel. 1-415-392-3505
Pequeno bistrô parisiense. $$

3 Desça a Bush até a Grant Avenue, vire à direita e pare no grande prédio à sua direita: o Home Telephone Company, no nº 333 da Grant.

Nos anos 1920, muitas ligações eram encaminhadas por telefonistas que ficavam nos andares deste prédio. A Home Telephone havia sido inaugurada duas décadas antes, de maneira um tanto escandalosa. Depois da expiração das patentes originais da Bell Telephone, na virada do século, a Home Telephone Company tentou derrubar o monopólio da Bell sobre serviços telefônicos em várias regiões do país. Para penetrar no lucrativo mercado de São Francisco, os diretores da Home Telephone pagaram subornos a políticos da cidade notoriamente corruptos, para obter votos favoráveis no debate sobre a franquia,

À ESQUERDA: A MONROE STREET FOI REBATIZADA DASHIELL HAMMETT STREET EM 1988

DISTÂNCIA 2,5km (1,5 milha)

DURAÇÃO 1h30

INÍCIO Pine Street com Powell Street

TÉRMINO Powell Street com Market Street

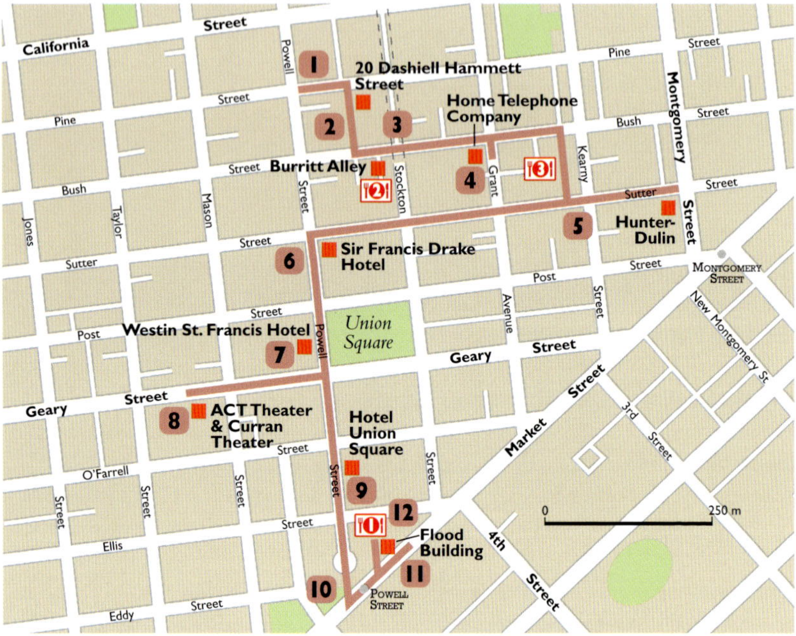

agendado para o dia 23 de abril de 1906. Porém, no dia 18 de abril, o Grande Terremoto provocou por toda a cidade incêndios que duraram até 21 de abril. Apesar da cidade arrasada e de cerca de 250 mil pessoas desabrigadas, os diretores da Home Telephone insistiram em que a votação fosse mantida – em uma sala que pertencia a um dos políticos corruptos –, e, por incrível que pareça, a Home Telephone Company obteve sucesso! (Mais tarde, essa companhia acabou se fundindo com a Bell.)

4 Volte pela Grant até a Bush Street e siga à direita, através de Little Paris. Vire à direita na Claude Lane.

Sam Spade costumava despistar quem o seguisse utilizando pequenas alamedas como esta. No filme de Alfred Hitchcock *Um Corpo que Cai,* Scottie segue o Jaguar verde ao longo da Claude Lane. No final desta alameda, na Sutter Street, veja à esquerda os prédios com telhado de cobre do outro lado da rua e a um quarteirão. Esse alinhamento de telhados pertence

À DIREITA: O HUNTER-DULIN BUILDING SE DESTACA COM SEU TELHADO DE COBRE

ao Hunter-Dulin Building, no nº 111 da Sutter, onde Sam Spade trabalhava. Para chegar lá, ande um quarteirão pela Sutter até a Montgomery e atravesse a rua. Hammett instalou o escritório de seu herói aqui, quando o prédio era novo. Porém, a sala de Spade era certamente menos elegante do que a fachada do prédio – e a linha de cobre do telhado – ou que o pequeno e charmoso saguão. (Diz a lenda que o leve declive circular no mármore do saguão resulta dos passos do porteiro, que, por décadas, girou ali os pés para mostrar às pessoas o elevador livre.)

5 Vire à esquerda na Sutter até o Hunter-Dulin. Depois, volte pela Sutter. Na Powell Street, vire à esquerda (descida). O Sir Francis Drake Hotel fica na esquina da Powell com a Sutter.

Dizem que um dos que lutavam pelo falcão maltês, o gordo Caspar Gutman, ficava aqui. Ainda que não ficasse, o porteiro é uma instituição de São Francisco e seu posto merece uma visita.

6 Continue pela Powell até a Union Square. À direita fica o Westin St. Francis Hotel, no nº 335 da Powell.

Miles Archer seguiu Brigid O'Shaunessey do saguão do St. Francis até a Burritt Alley, onde atirou nele. E também, em setembro de 1921, Hammett provavelmente ajudou Pinkerton a encontrar provas nos quartos 1219 e 1221, no caso de estupro e morte da atriz Virginia Rappel pelo ator de filmes mudos Roscoe "Fatty" Arbuckle.

7 Ao deixar o St. Francis, vire à direita na esquina e à direita de novo na Geary Street, e ande um quarteirão até o Geary Theater (hoje o ACT Theater), no nº 415 da Geary, onde Sam Spade esperou Joel Cairo, que tinha ingressos para ver uma apresentação.

Aprecie também o Curran Theatre ao lado, no nº 445 da Geary. Espie pelas janelas o saguão para ver se encontra o fantasma do porteiro que foi morto em um assalto nos anos 1930 – às vezes ele aparece no espelho.

8 Volte na Geary até a Powell Street. Cruze e vire à direita na direção do Hotel Union Square, no nº 114 da Powell.

Na época de Hammett, chamava-se Golden West Hotel, construído em 1913 para a Exposição Internacional Panamá-Pacífico de 1915. Na véspera de se casar, em 1921, Hammett reservou uma suíte aqui para sua noiva, Josephine Dolan. Anos depois, foi aqui que ele se encontrou com a autora Lillian Hellman. Não se sabe exatamente quando Lillian esteve aqui, mas seu fantasma já foi visto vagando perto do quarto 207.

HOTEL UNION SQUARE;
114 POWELL STREET; www.hotelunionsquare.com

9 Continue caminhando pela Powell Street, até a Market Street.

Caminhe alguns passos pela Market Street e olhe para o Flood Building, prédio situado no nº 870 da Market, onde Pinkerton tinha um escritório, no terceiro andar.

(Para saber mais da história do Flood Building, veja www.floodbuilding.com.)

10 Vire à esquerda na frente do Flood Building, a alguns passos do relógio da Samuels Jewelers, na calçada, em frente ao nº 856 da Market Street.

Hammett escrevia histórias policiais enquanto trabalhava como gerente e redator de propaganda para a Samuels, nos meados dos anos 1920. Quando voltou a ter tuberculose, afastou-se do cargo por incapacidade total, sendo amparado pela Previdência Social.

11 Volte ao Flood Building, na Market, passe pelo saguão (veja os históricos elevadores, que datam de 1904) ou, se o prédio estiver fechado, dê a volta pela Powell Street até a Ellis Street. Ao sair do Flood Building na Ellis, entre no John's Grill, no nº 63.

Hammett, que gostava de beber, certamente vinha ao John's, sozinho ou acompanhado. Visite o Museu do Falcão Maltês e de Dashiell Hammett na sala de jantar do primeiro andar.

JOHN'S GRILL;

Nº 63 da ELLIS STREET; www.johnsgrill.com

12 Ao deixar o John's, vire à esquerda na Ellis, e logo à esquerda de novo na Powell Street. A um quarteirão fica o terminal do bonde da Powell Street, na saída da escada da estação Powell Street Muni/BART.

AO LADO: HAMMETT ERA REDATOR DA SAMUELS JEWELERS, CUJO RELÓGIO AINDA EXISTE

A RICA FACHADA DO GEARY THEATER, QUE HOJE ABRIGA O AMERICAN CONSERVATORY THEATER

TRAGEDY

PASSEIO 5

Jardins e galerias da Market Street

Um passeio pelo incrível e verdejante bairro de negócios – onde os mais altos prédios da cidade se mesclam a lindos espaços públicos.

Este passeio o leva pela barulhenta e animada Market Street, no centro da cidade. Você vai caminhar pelos grandes prédios de escritórios, passando ao lado do bairro financeiro e pela região sul da Market Street, que já foi um lugar residencial e industrial pouco atraente. Mas não se preocupe! Existem vários pequenos jardins, alguns em coberturas, esquinas ensolaradas e pequenas galerias "secretas". Refresque-se junto aos chafarizes. Ouça concertos de graça ao meio-dia. Faça um piquenique em uma floresta de bambu. O passeio vai levar você até o primeiro "arranha-céu", construído em 1889 e hoje um hotel de luxo. Um século depois, os urbanistas ficaram preocupados com a "manhattanização" de São Francisco. As novas normas exigiram que os prédios de escritórios do centro suavizassem suas linhas com espaços públicos. Alguns são da largura de uma calçada, mas outros são verdadeiros oásis. Durante o almoço, esses parques são tomados por quem trabalha aqui. É melhor fazer este passeio nos dias úteis, quando as galerias de arte abrem, os chafarizes funcionam e as ruas fervem.

1 **Saindo da estação de metrô Montgomery Street (saída Sansome-Sutter), passe pelas maciças colunas do Citigroup Center, à esquerda, no nº 1 da Sansome Street.**

O saguão do antigo banco (originalmente o London Paris National Bank) hoje é um espaço aberto, de mármore. Cumprimente a *Star Girl*, réplica em bronze da estátua temática da Exposição Internacional Panamá-Pacífico de 1915.

2 **Cruze a Sansome Street, indo para o Crown-Zellerbach Building, no nº 1 da Bush Street com a Market Street.**

O espaço aberto deste prédio de 1959 não foi imposto por lei, mas é parte de um projeto premiado. Hoje é usado pelos empregados que querem fumar. Veja os office boys de bicicleta reunidos na calçada ao lado.

Dê uma olhada na largura da Market Street. Ao escolher uma profissão, os mais temerários em geral não pensam em desenhar mapas. O topógrafo irlandês Jasper O'Farrell deve ter ficado inconformado ao ser quase linchado nos anos 1840. Seu crime? Expandir e corrigir o mapa da cidade, sem se preocupar com a topografia, e ter criado a Market Street, uma ampla via que ligava o porto ao centro mais povoado da cidade, o Old Mission. Você poderia querer socá-lo enquanto ofega pelas íngremes ladeiras, mas não era essa a tarefa dele. E sim a largura de 37m da Market Street. Os donos de terrenos prestes a serem desapropriados não entenderam o

propósito da excessiva largura, e formaram um grupo para cobri-lo de piche e penas. Mas, felizmente, O'Farrell ficou sabendo do plano e conseguiu escapar.

3 **Siga à esquerda pela Market Street até a Battery. Cruze e volte pela Market até o parque, junto ao nº 555 da rua. Vire à esquerda no parque, onde há concertos ao meio-dia e um chafariz.**

Os prédios nos arredores foram os responsáveis pelo medo da "manhattanização". Um historiador de arquitetura chamou o endereço de "arrasa--quarteirão sem noção de escalas".

4 **No fundo do parque fica a Ecker Street. Continue até a esquina da Jessie com a Ecker. Quem esperaria tanta tranquilidade por essas alamedas?**

À ESQUERDA: JARDIM SUSPENSO ACIMA DE WELLS FARGO. ACIMA: O J. P. MORGAN CHASE PLAZA

DISTÂNCIA **2,5km (1,5 milha) – algumas colinas**

DURAÇÃO **1 hora (mais se visitar os museus)**

INÍCIO **Estação Montgomery St Muni/BART (saída Sansome-Sutter)**

TÉRMINO **Estação de metrô Powell St Muni/BART**

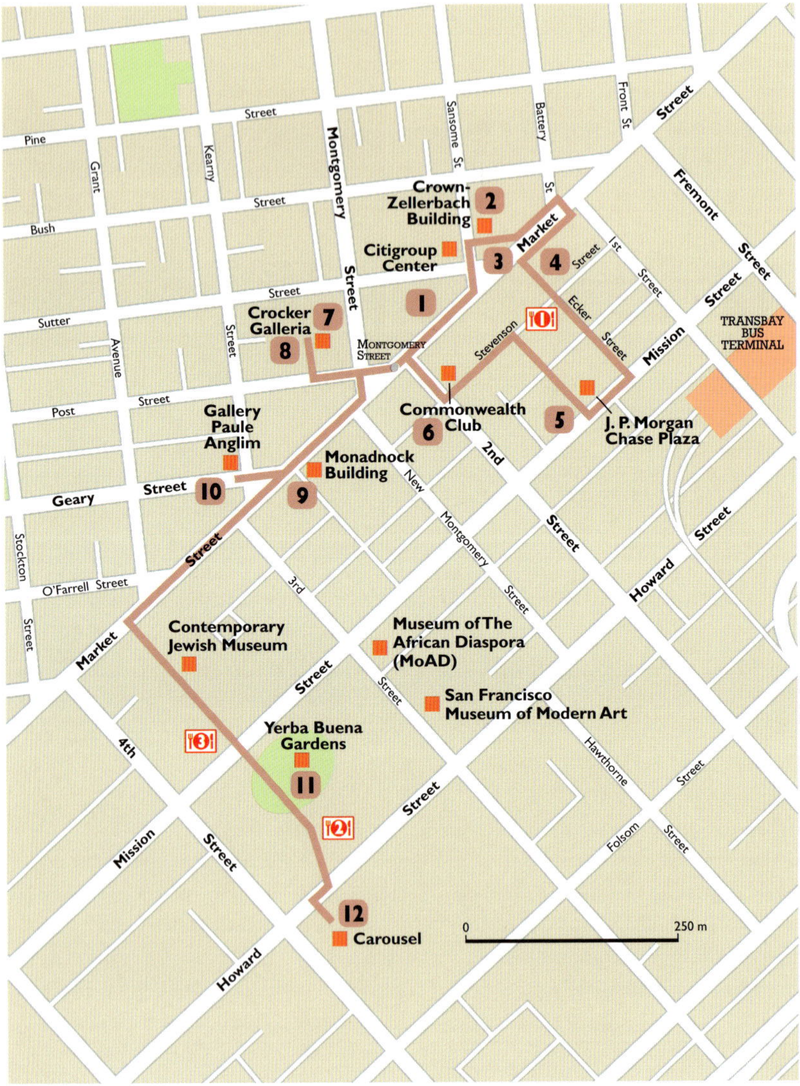

Siga pela Ecker (uma trilha de tijolos). Na Mission Street, vire à direita e vá até a J. P. Morgan Chase Plaza, no nº 560.

A cinética escultura refletida no espelho d'água e o jardim de bambu suavizam bastante o ambiente de vidro, granito e aço ao redor. Um espaço tranquilo.

5 Siga até o fundo do parque, cruze a Jessie Street no chafariz e atravesse a pequena praça ao lado do café Neetos, no nº 71 da Stevenson Street. Vire à esquerda na Stevenson até a 2nd Street.

O espaço foi transformado em agradável café – o que deixa muitas pessoas inconformadas pela falta de acesso ao público, já que grande parte do lugar é reservada aos clientes. Na esquina da 2nd Street com a Market, veja o Hobart Building, cor de mostarda, projetado em 1914 pelo prolífico e talentoso, porém birrento, arquiteto Willis Polk (1867-1924). Esta torre, hoje pequena, ainda é encantadora. (Veja mais sobre Polk mais adiante, nesta página.)

6 Vire à direita na 2nd Street até a Market Street e atravesse-a. Entre à esquerda na Post Street, passe diante do Wells Fargo Bank e entre na Crocker Galleria. Pegue a escada rolante até o último andar, vire à direita e siga o corredor até o fundo. Passe pelas portas e suba a escada para o Roof Terrace.

Ao olhar as superfícies polidas que se erguem no céu à sua volta, é fácil imaginar como a cidade ficaria triste sem

ONDE COMER

1 YANK SING,
49 Stevenson Street com Ecker
Tel. 1-415-541-4949
Popular no almoço, com boa variedade de dim sum. $$

2 SAMOVAR IN YERBA BUENA GARDENS,
730 Howard Street
Tel. 1-415-227-9400
Chás exóticos, lanches e refeições baseadas em chás. $$

3 BEARD PAPA'S,
99 Yerba Buena Lane com Mission St
Tel. 1-415-978-9972
Bolos cremosos, bombas e bolinhos – ótimos quentes. Muito popular! $

os pequenos jardins iguais a este. Antes de sair do jardim da cobertura, olhe para baixo, para o outro lado da rua, e veja o prédio logo à direita (nºs 130-150 da Sutter Street). É outra criação de Willis Polk. Chamado Hallidie Building (em homenagem a Andrew Hallidie, 1836-1900, inventor do bonde), foi revolucionário para sua época – 1917 – devido à sua parede revestida de vidro. Polk queria destacar as vigas de aço internas que suportam o prédio, e não as paredes externas, que ele cobriu de vidro.

7 Saia do Roof Terrace pela escada, atravesse a Galleria até o outro lado e vire à direita, seguindo o corredor até o meio. Vire à esquerda em direção à escada onde há uma placa que diz Roof Garden e suba.

Alguns anos atrás, este era o terceiro piso de uma torre de 12 andares. O proprietário decidiu então diminuir a torre e criou o jardim de cobertura aí mesmo, enquanto construía um prédio ainda mais alto ao lado.

8 Volte ao térreo (ou pegue o elevador e saia do banco). Cruze a Market Street e vire à direita. Entre no Monadnock Building, no nº 685 da Market Street. Passe pela segurança e suba até a Modernism Gallery, no segundo andar.

Este pequeno museu constitui uma ilha de paz longe do tumulto da Market Street, que pode ser vista das janelas. Há cem anos, esse cruzamento era bastante central e abrigava os escritórios dos maiores jornais da cidade: *The Chronicle* (De Young Building), o *Examiner* (Hearst Building) e o *Call* (hoje, Central Tower).

O De Young Building, primeiro arranha-céu da cidade (1899), passou recentemente por uma reforma e reabriu como um condomínio de luxo. O estranho monumento que se localiza no canteiro central é a Lotta's Fountain – presente à cidade de Lotta Crabtree, uma garota ruiva da época da Corrida do Ouro, que animava os mineiros com canções e danças, e fez bastante sucesso nos palcos nesse período.

MODERNISM GALLERY;
685 MARKET STREET;
www.modernisminc.com

9 Ao sair do Monadnock Building, vire à esquerda. Atravesse a Market Street e siga pela Geary Street, que fica à esquerda no cruzamento. À direita, no nº 14 da Geary, entre na Gallery Paule Anglim.

Esta pequena galeria apresenta exposições temporárias que merecem ser vistas.

GALLERY PAULE ANGLIM;
14 GEARY STREET; www.gallerypauleanglim.com

10 Volte para a Market Street, cruze e siga onde a calçada se torna uma grande praça, na Yerba Buena Lane. Vire à esquerda e siga adiante, passando pelo Contemporary Jewish Museum, até o Yerba Buena Gardens.

Décadas de discussões sobre regras de desenvolvimento e regulações antecederam a criação deste jardim. Hoje centro das artes com grande público, ele reúne museus independentes, hotéis e restaurantes. Entre os museus, estão:

SAN FRANCISCO MUSEUM OF MODERN ART;
www.sfmoma.org

CONTEMPORARY JEWISH MUSEUM;
www.jmsf.org

CARTOON ART MUSEUM;
www.cartoonart.org

CALIFORNIA HISTORICAL SOCIETY;
www.californiahistoricalsociety.org

MUSEUM OF THE AFRICAN DIASPORA;
www.moadsf.org

GLBT HISTORICAL SOCIETY MUSEUM;
www.glbthistory.org

SOCIETY OF CALIFORNIA PIONEERS;
www.californiapioneers.org

11 No fundo do primeiro nível do jardim, caminhe atrás da fonte no memorial a Martin Luther King Jr. Suba a escada que leva à parte de cima do memorial, siga pelo nível superior e atravesse a ponte até o carrossel.

Feito para São Francisco pelo construtor alemão Charles Looff (1852-1918), este carrossel, que estava a caminho da cidade em 1906, quando houve o terremoto, foi desviado para Seattle. Chegou a São Francisco, mas 60 anos depois foi enviado para Los Angeles. Voltou recentemente a seu destino.

12 Volte pelo jardim e pela Yerba Buena Lane até a Market Street, que fica a meio caminho das estações Powell e Montgomery Muni/BART.

ACIMA: O LINDO CARROSSEL ESCULPIDO À MÃO NO JARDIM DE YERBA BUENA

PASSEIO 6

Chinatown – cidade dentro da cidade

Este passeio pelas exóticas ruas da cidade o levará a ver lanternas, missões protestantes, templos budistas e fábricas de biscoitos da sorte.

Chinatown é uma vibrante e exótica "cidade dentro da cidade", uma próspera e densa comunidade. Trata-se de um centro comercial muito ativo, que oferece comida asiática, remédios e diversos objetos para o lar, além de ser um importante centro turístico. Os primeiros imigrantes chineses mantiveram as tradições, pensando que ficariam pouco tempo na "Montanha Dourada". Esta mão de obra foi essencial para a mineração e a construção de ferrovias, mas, com a crise econômica dos anos 1870, acabou se tornando alvo da ira e violência de outros operários. As leis sobre imigração foram mudadas para limitar o número de novos imigrantes da China, e Chinatown foi restrita por lei a seis quarteirões. Algumas organizações ajudaram a comunidade e intermediaram disputas dentro e fora de Chinatown. No século 19, os turistas eram fascinados por este povo exótico chamado de "celeste", de sapatos engraçados e longos rabos de cavalo – e também por seus antros de ópio, gângsteres e prostitutas. O vício se foi, mas as atrações continuam poderosas.

1 Começe nas Chinatown Gates, onde a Grant Avenue cruza com a Bush St. (Saia da estação de metrô Montgomery St ou Powell Muni/BART e vá até a Grant.) Siga em frente pela Grant.

Logo você vai sentir o ritmo se acelerar e a presença da multidão. Preste atenção no homem que toca o *er hu*, violino chinês de duas cordas. Olhe para os prédios. A arquitetura é posterior a 1906, mas a decoração é típica de Chinatown (mas não chinesa): varandas coloridas, lanternas suspensas e beirais em forma de pagode. Pare na esquina da Grant com a Sacramento Street.

Do outro lado da rua, no nº 736 da Grant, *The Chinese World Newspaper*, o primeiro jornal bilíngue chinês-inglês dos EUA a pertencer a um chinês, era publicado aqui (1909-69). Veja a bandeira na varanda do primeiro andar. O Bank of America, nº 701 da Grant, tem fachada de mosaico dourado típica da decoração das agências bancárias do bairro. Acima do Bank of America fica o Gold Mountain Sagely Monastery, no nº 800 da Sacramento, dirigido pela Dharma Realm Buddhist Association para monges e quem quiser cantar e orar. Tem bom atendimento e folhetos informativos.

2 Vire à esquerda, subindo a Sacramento Street. Em Waverly, passe diante da YMCA de Chinatown e da First Chinese Baptist Church (desde 1880). Logo depois da Stockton Street, à direita, fica a Donaldina Cameron House, de tijolos vermelhos, no nº 920 da Sacramento.

ONDE COMER

1 GOLDEN GATE FORTUNE COOKIE FACTORY,
56 Ross Alley
Tel. 1-415-781-3956
Compre um pacote de amêndoas ou biscoitos da sorte e receberá alguns a mais, quentinhos direto do forno. $

2 GOLD MOUNTAIN,
644 Broadway (perto de Stockton)
Tel. 1-415-296-7733
Amplo restaurante com bom dim sum. $$

3 EASTERN BAKERY,
720 Grant Avenue (perto da Commercial St)
Tel. 1-415-982-5157
Boa seleção de massas. Excelentes guiozas recheados com carne suína. $

Donaldina Cameron era jovem ao chegar a Chinatown, em 1895, e viera apenas para ficar um ano ensinando corte e costura na Presbyterian Occidental Mission Home for Girls. Contudo, o que ela descobriu foi que a prostituição estava crescendo. Quando foi embora, cerca de 40 anos depois, havia ajudado mais de 3 mil jovens chinesas que tinham sido vendidas como escravas para a prostituição. Imagine essa mulher, já de certa idade, segurando pé de cabra ou machado e derrubando portas e forros para resgatar adolescentes assustadas. Há um mural sobre suas proezas no saguão interno.

À ESQUERDA: PRODUTOS EXÓTICOS EM UMA FEIRA DE CHINATOWN

DISTÂNCIA 2,5km (1,5 milha)

DURAÇÃO 2 horas

INÍCIO Grant Avenue com Bush Street

TÉRMINO Bonde da California Street

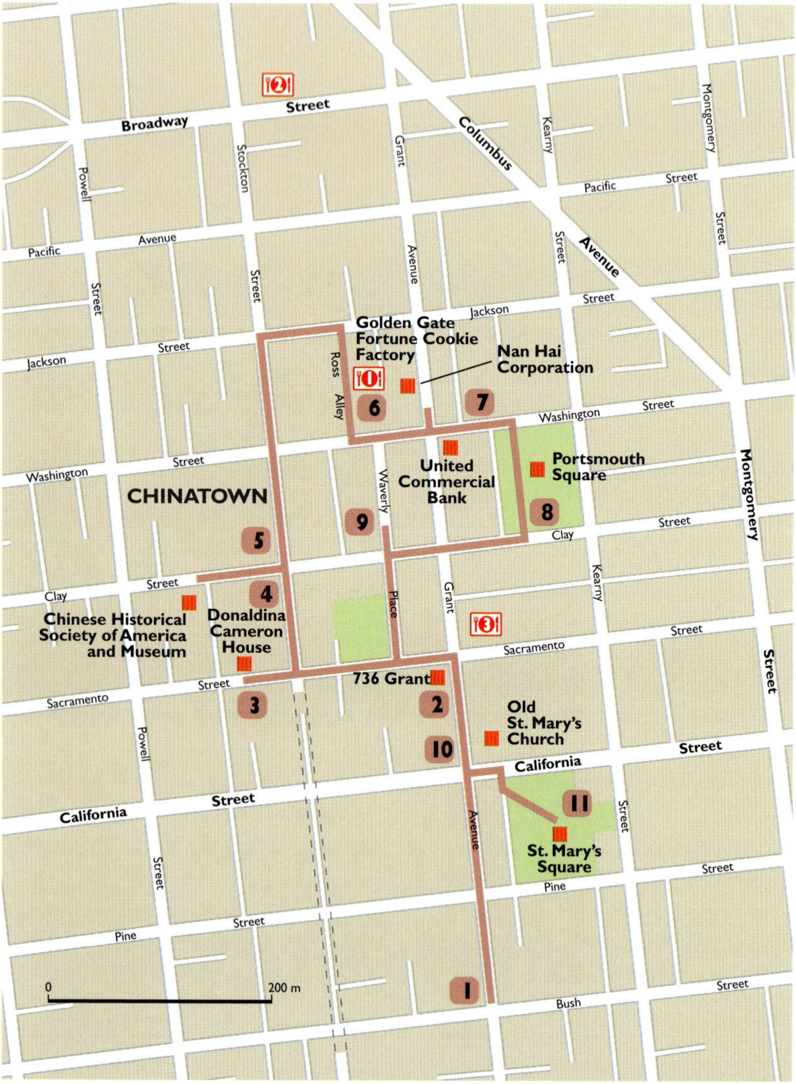

À DIREITA: INTERLÚDIO MUSICAL EM CHINATOWN

ACIMA: COMIDA CHINESA VENDIDA EM CHINATOWN

3 Volte até a Stockton e vire à esquerda. Este quarteirão é o "centro cívico" de Chinatown, com a Chinese Central High School no nº 829 da Stockton e, no nº 843, a Chinese Consolidated Benevolent Society ("Six Companies"), criada nos anos 1870.

No nº 855 da Stockton, um prédio de quatro andares abriga o correio, uma agência de viagens, um centro médico e, no último andar, o Kong Chow Temple. O templo original, construído em 1857, foi substituído por um estacionamento. O novo endereço parece estranho, mas ao sair do elevador, com o ar carregado de incenso, você se depara com lindos altares e uma vista dos telhados de fora, que dão ao lugar um ar celeste.

4 Na Clay Street, vire à esquerda e suba até o nº 965, onde fica o Chinese Historical Society of America and Museum. Aqui, exposições ilustram a vida chinesa nos EUA. Desça de volta pela Clay e vire à esquerda na Stockton.

Enquanto a Grant Avenue (onde começa o passeio) é o setor das joalherias, dos objetos de casa e das lembranças, a Stockton é onde se encontram aves e peixes – onde se compram legumes típicos, pato defumado e peixes vivos.

CHINESE HISTORICAL SOCIETY OF AMERICA AND MUSEUM;
965 CLAY STREET; www.chsa.org

5 Passe a Chinese Presbyterian Church no nº 925 da Stockton (Igreja de Donaldina Cameron). Na Jackson Street, vire à direita e desça até a Ross Alley. Vire então à direita. Logo depois do barbeiro, à esquerda, fica a Golden Gate Fortune Cookie Factory, nº 56 da Ross Alley.

Veja as mulheres atarefadas. É bem provável que alguém lhe ofereça um biscoito quente, principalmente se você for comprar um pacotinho de doces. A Ross Alley tem um passado sombrio: no século 19 foi lugar de jogadores e dos cafetões que controlavam a prostituição. Hoje, as alamedas de Chinatown têm outra finalidade: são atalhos utilizados pelos pedestres.

6 Continue até o fim da Ross Alley. Vire à esquerda na Washington Street. Na Grant Avenue, faça um leve desvio à esquerda até a Nan Hai Corporation (nº 919 da Grant), com seu incrível estoque de peixes secos, ervas, ginseng, frutas secas etc. De volta à Washington, logo após a Grant, veja o pequeno prédio à direita com triplo telhado colorido (o United Commercial Bank). Já foi a sede da Telephone Exchange, nº 743 da Washington.

Antes dos sistemas de ligações automáticas (introduzido em 1949), 20 telefonistas faziam todas as ligações em Chinatown; falavam dialetos chineses e inglês, e conheciam milhares de moradores pelo nome, endereço e número de telefone.

7 Siga em frente e então vire à direita na Portsmouth Square.

No tempo em que São Francisco ainda era chamada de Yerba Buena e a Califórnia pertencia ao México, foi aqui que a cidade se originou. Quando passou a se chamar São Francisco e a Califórnia foi anexada aos EUA, a antiga praça permaneceu o centro da cidade. Hoje é um ponto de encontro para os chineses, com homens jogando, observando e comentando as partidas nos tabuleiros, e mulheres jogando baralho, conversando e cuidando das crianças.

Na Portsmouth Square, se olhar para trás, para a Washington Street, você vai ver o grande prédio moderno da esquina (nº 720 da Washington) que é a Buddha's Universal Church. Situada no antigo endereço de um clube noturno. A igreja foi construída em 1961 por membros do Americanized Pristine Orthodox Dharma. Se estiver cansado, visite a loja da Buddha's Universal Church: o World Ginseng Center, no nº 801 da Kearny, que vende ginseng e outros produtos.

BUDDHA'S UNIVERSAL CHURCH;
720 WASHINGTON STREET; www.bucsf.com

8 Atravesse a Portsmouth Square e saia pela Clay Street. Vire à direita (subindo) pela Clay e vá até a Waverly Place. Dobre à direita na Waverly.

Há muito tempo, a Waverly era uma rua perigosa, frequentada por prostitutas,

ACIMA: O PEQUENO TIN HOW TEMPLE, NO ÚLTIMO ANDAR DO PRÉDIO DA ESQUERDA

cafetões, jogadores e criminosos, com 40, 50 casas de má fama ao longo de seus dois quarteirões. A esquina da Clay com a Waverly é o lugar onde "Little Pete" (Fong Ching) – o assaltante mais poderoso de Chinatown – foi morto, em 1897. Seu assassino nunca foi encontrado.

Hoje em dia não sobra mais nada dessa antiga atmosfera. Ao contrário, o ambiente é colorido, agradável e luminoso. Vale a pena subir até o venerável Tin How Temple, no nº 125 da Waverly Place, considerado o mais antigo templo chinês dos EUA, para acender um incenso e dirigir preces à Rainha dos Céus ou ao Protetor dos Viajantes.

9 Volte pela Waverly até a Sacramento, onde a Waverly acaba. Fantasias de dragão (para as paradas de Ano-Novo) e instrumentos chineses ou exóticos estão à venda na loja da esquina: Clarion Music Center. Vire à esquerda e desça a Sacramento. Então, entre à direita na Grant Avenue, até a Old St. Mary's Church.

Única grande construção de Chinatown que sobreviveu a 1906, esta antiga igreja foi feita com tijolos trazidos da China nos anos 1850. Note a placa na fachada, as fotos históricas na entrada e a advertência na torre do sino: "Filho, observe o tempo e afaste-se do Mal."

CLARION MUSIC CENTER;
816 SACRAMENTO STREET;
www.clarionmusic.com

10 Atravesse a California Street para ir até o parque da St. Mary's Square.

A estátua de Sun Yat-Sen, o "Pai da China Moderna" (1866-1925), do escultor Benny Bufano's (1898-1970), nos lembra que diversas ondas migratórias vieram da China, algumas atraídas pelo ouro da Califórnia, outras obrigadas pelos problemas políticos ou econômicos do país de origem.

11 Saia da St. Mary's Square e volte à California Street, onde você pode pegar um bonde, ou vire à esquerda na Grant Avenue e caminhe até as portas de Chinatown (Chinatown Gates), na Bush Street, onde este passeio começou.

PASSEIO 7

No rastro dos beatniks em North Beach

North Beach, antes conhecida como o Latin Quarter, hoje é também chamada de Little Italy. Foi o lar dos *beatniks,* mas não é uma praia!

Nos anos 1850, North Beach ficava na beira do movimentado (e frequentemente sem recursos) bairro da orla, chamado Barbary Coast (ver Passeio 2). Quando os navios aportavam, os imigrantes pobres vindos do Chile, Peru e México montavam barracas provisórias nas ladeiras lamacentas em que ninguém mais queria subir. Ondas de pescadores italianos chegaram no fim do século 19, como se vê na exposição do North Beach Museum. Em meados do século 20, North Beach tornou-se famoso por causa da cultura *beatnik* (visite o Beat Museum para entender melhor). Após 13 de outubro de 1955 – quando Allen Ginsberg (1926-97) leu seu poema *Howl,* publicado pela livraria City Lights e proibido pelo governo –, outros poetas e pretendentes vieram para São Francisco em busca de liberdade. O ator Lenny Bruce (1925-66) se apresentou aqui. Carol Doda, ícone dos anos 1960, dançou de topless. Este passeio pode ser feito durante o dia ou à noite. Os cafés, restaurantes e clubes são ótimos.

Pegue o ônibus Muni nº 9X, 41 ou 45 para a Washington Square.

Este é um dos dois parques (junto com a Union Square) para os quais se preservou espaço na planta original da cidade. Durante meses após os incêndios de 1906, tornou-se refúgio de desabrigados. Se você chegar às 9h da manhã, vai encontrar praticantes de tai chi fazendo alongamento (Chinatown se espalhou por este bairro, que antes era somente italiano).

Se chegar depois das aulas de tai chi, pare no banco de cimento perto da esquina da Stockton Street com a Filbert Street, cuja placa homenageia Juana Briones, empresária, proprietária de terras, mãe e curandeira. Em 1835, ela se separou de um marido violento e tomou posse das terras que hoje formam a Washington Square. Cuidou de soldados doentes, trabalhou como parteira e engessadora, curou doentes de escorbuto; nas horas livres, cuidava de um amplo jardim, criava gado e vendia leite e verduras. Você ainda pode visitar a Saints Peter and Paul Church (1924), antiga paróquia dos pescadores italianos, que fica na praça.

2 Deixe a Washington Square, na esquina da Union Street com a Columbus Avenue e suba a Columbus. Vire à direita na Green Street (também chamada Beach Blanket Babylon St) e vá até o Club Fugazi, no nº 678 da Green.

Nos anos 1950, leituras de poesias aconteciam neste lugar. A partir dos anos 1970, ele passou a abrigar a escandalosa revista musical *Beach Blanket Babylon,* que está sempre se atualizando.

CLUB FUGAZI;

678 GREEN STREET;

www.beachblanketbabylon.com.

ONDE COMER

1 LIGURIA BAKERY,
1700 Stockton Street (em frente ao parque em Filbert Street)
Tel. 1-415-421-3786
Esta popular padaria, especializada em focaccia, fecha diariamente somente quando o pão acaba. $

2 STINKING ROSE,
325 Columbus Avenue
Tel. 1-415-781-7673
Serve pratos à base de alho. $$

3 CAFFE PUCCINI,
411 Columbus Avenue
Tel. 1-415-989-7033
Bom endereço para sanduíches e sopas. $

3 Volte para a Columbus, vire à direita na Stockton Street e vá até o U. S. Bank, onde fica o North Beach Museum, no nº 1435 da Stockton, no 1º andar.

O museu apresenta uma boa seleção de fotografias históricas do bairro, além de diversos objetos (buzina de nevoeiro, luvas de boxe, acordeão, bandolim e máquinas fotográficas antigas). Abre durante o expediente bancário: seg-sex 8h-17h; sáb 10h-12h.

À ESQUERDA: A LIVRARIA CITY LIGHTS, CASA DA CULTURA ALTERNATIVA

DISTÂNCIA **1,6km (1 milha)**

DURAÇÃO **2 horas**

INÍCIO **Washington Square**

TÉRMINO **Washington Square**

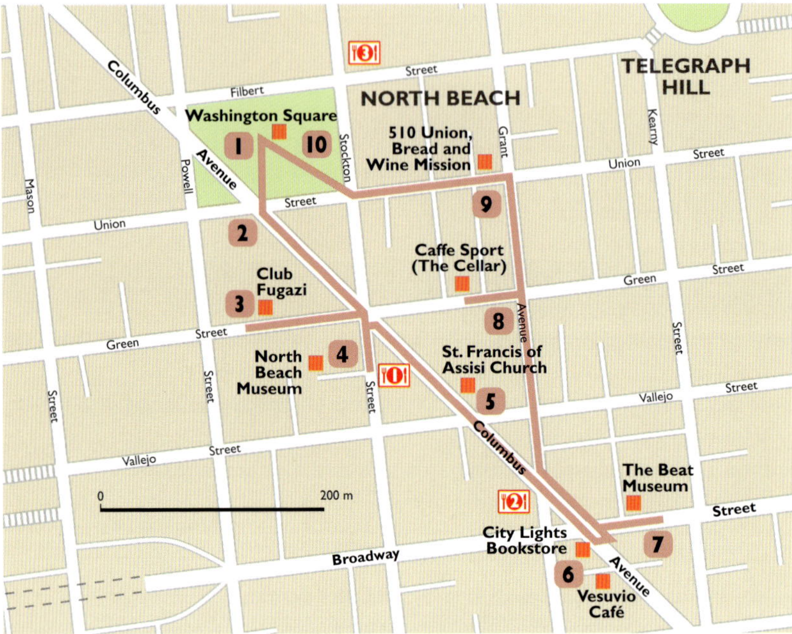

4 Volte para a Columbus e siga à direita até a Vallejo Street. Veja a pequena alameda cujo nome homenageia o pai espiritual dos poetas *beatniks*, Kenneth Rexroth (1905-82). Então, cruze a Columbus até a St. Francis of Assisi Church, no nº 610 da Vallejo.

St. Francis of Assisi Church, a mais antiga igreja de North Beach, foi fundada em 1849. Como não é mais uma paróquia, é administrada pela Ordem de São Francisco. Concertos grátis aos domingos.

ST. FRANCIS OF ASSISI CHURCH;
610 VALLEJO STREET;
www.shrinesf.org/history.htm

5 Continue pela Columbus Avenue. Cruze a Broadway até a livraria City Lights, no nº 261 da Columbus.

A City Lights é o ponto de partida da cultura *beatnik*. Peter Martin e Lawrence Ferlinghetti abriram aqui uma livraria em 1953. (Martin esperava que entrasse dinheiro para pagar o aluguel de sua editora de revistas no primeiro andar; Ferlinghetti queria criar um espaço literário.) Martin logo saiu, e Ferlinghetti continuou a aumentar a loja, acrescentando uma editora, que ficou famosa durante o processo por obscenidade movido contra a publicação de *Howl and Other Poems,* de Ginsberg (City Lights, 1956). Meio século depois, Ferlinghetti e a City Lights continuam promovendo a tolerância e o brilho de North Beach.

Logo depois da City Lights, fica a Jack Kerouac Alley, que leva o nome do autor (1922-69) de *Pé na Estrada* (*On the Road)* – considerado "a essência, a história e o mito da geração *beatnik*"–, *Visões de Cody* e *Doctor Sax*. Duas vezes por ano acontece um festival de arte aqui. As paredes são pintadas e a poesia é incrustada nas placas da calçada. Em frente à alameda fica o Vesuvio Café, que foi frequentado por Kerouac e os poetas *beatniks*. Hoje, a clientela é composta de artistas, jogadores de xadrez, motoristas de táxi, marinheiros, empresários, turistas e *bons-vivants* de todas as origens.

Olhe do outro lado da rua. Aqui a continuação da Jack Kerouac Alley se chama William Saroyan Alley, como o escritor (1908-81). O pub Spec abriga o Adler Museum – na verdade, uma coleção de fotos na parede. O lugar é aconchegante e abre todas as noites.

Na Columbus Avenue, não perca o Transamerica Pyramid, que ocupa o lugar do antigo Montgomery Block (1853-1959). Erguido na Corrida do Ouro, o prédio perdeu tanto brilho que, no final, oferecia quartos baratos a novos artistas

e escritores. Quando jovem, o poeta Kenneth Rexroth (1905-82) se hospedou aqui. (Rexroth chamava São Francisco de porto para quem pensa e sente.)

VESUVIO CAFÉ;

255 COLUMBUS AVENUE; www.vesuvio.com

6 De volta à Columbus Avenue, atravesse e vire à direita na Broadway Street. Pare no nº 540, onde fica o Beat Museum.

Este é o lugar para conhecer a cultura *beatnik*. Passeie pela frente e compre livros baratos ("literatura de banheira"), as primeiras edições autografadas pelo autor, camisetas e o *Howl* de Ginsberg. O ingresso de US$5 leva a este túnel do tempo com manuscritos, notícias da

ACIMA: O VESUVIO CAFÉ, POPULAR ENTRE OS POETAS BEATNIKS NOS ANOS 1950

época, fotografias, antigas máquinas de escrever e outros objetos.

Fora do museu, este trecho da Broadway, dos dois lados da Columbus, é uma mistura inusitada de espalhafatoso, chique e histórico. O clube noturno Condor, na esquina, ficou famoso quando a garçonete e ícone dos anos 1960 Carol Doda dançou aqui de topless.

O mural do outro lado da rua (nº 606 da Broadway) celebra a música, os políticos e a vida de North Beach.

THE BEAT MUSEUM;
540 BROADWAY STREET;
www.thebeatmuseum.org

7 De volta à Broadway, vire à direita e suba a Columbus. Dobre novamente à direita na Grant Avenue. Os próximos quarteirões abrigaram vários lugares *beatniks*, entre os quais:

O Café Trieste, no nº 609 da Vallejo. Até hoje popular, foi um dos favoritos dos *beatniks*. Mais tarde, Francis Ford Coppola teria escrito parte do roteiro de *O Poderoso Chefão* aqui, tomando muito café.

O Coffee Gallery, no nº 1353 da Grant, assim como o Cellar (ver ao lado) – nenhum deles existe mais –, foi o lugar em que normalmene se tocava música *beatnik*. O que é música *beatnik*? Um violão, uma *washboard* (tábua de lavar roupa que tem o som de um reco-reco) ou um piano acompanhado por poesia falada. Outro lugar *beatnik*, a loja Co-Existence Bagel, no nº 1398 da Grant (na esquina da Green), acabou se transformando em um restaurante tailandês. Note que os bagels (pães em forma de rosca de origem judaica) são uma especialidade de Nova York, e não de São Francisco, mas muitos poetas *beatniks* vieram de Nova York (Allen Ginsberg, Gregory Corso, Peter Orlovsky e Jack Kerouac). Do outro lado da rua (nº 1371 da Grant), fica o Grant & Green Saloon – com música ao vivo.

8 Vire à esquerda na Green Street. No nº 576 da Green, o atual Caffe Sport era The Cellar, lugar favorito dos *beatniks* nos anos 1950. Suba a Green St até a Grant Avenue. Vire à esquerda.

Do outro lado da Grant, à esquerda, fica o Bocce Caffe, no nº 480 da Green, com linda entrada ajardinada para o restaurante. A Grant Avenue tem pequenas galerias de vanguarda, como a Live Worms (nº 1345 da Grant) e a I Dream of Cake (nº 1351 da Grant).

9 Na Union Street, vire à esquerda, colina abaixo.

À direita, no nº 510 da Union, fica um dos endereços da Bread and Wine Mission. Fruto da imaginação do pastor congregacionista Pierre Delattre, este lugar recebia poetas itinerantes. A revista *Beatitude* foi publicada pela Bread and Wine. À esquerda, a Via Ferlinghetti (antiga Price Row) é pequena e tem pouco destaque, principalmente em comparação ao nome de Lawrence Ferlinghetti, que foi tão importante para o desenvolvimento desta área.

10 Volte para a Washington Square.

À DIREITA: UM MURAL NA ESQUINA DA COLUMBUS COM A GRANT CELEBRA A MÚSICA DA CIDADE

THE CASTLE HOTEL
-ELI-
DOUGHERT

PASSEIO

8

Os bombeiros e a vista de Telegraph Hill

Tudo neste passeio é muito divertido: do telégrafo à TV, das calças jeans aos papagaios coloridos, além da história da menina apaixonada pelos bombeiros.

Nesta cidade de colinas, Telegraph Hill se destaca. Chamada Loma Alta (Colina Alta), depois Prospect Hill e hoje Telegraph Hill, à beira da baía, ela é espetacular, seja qual for seu nome. Algumas ladeiras eram tão íngremes que os primeiros moradores precisavam de escadas para subir e descer. Na época em que havia 50 homens para uma mulher, a chegada de membros do sexo frágil era anunciada por um semáforo no alto da colina. Mais tarde, Guglielmo Marconi (1874-1937) inventou o telégrafo sem fio, e foi possível enviar mensagens para os confins da cidade e mais além (ver Passeio 24). Neste passeio, você vai conhecer lugares pelos quais os ricos não se interessavam até os anos 1930. Vai admirar a insuperável vista da baía, ver os murais com temática social nas paredes de uma torre de incêndio em forma de mangueira, sentir o cheiro dos eucaliptos, ouvir o chilrear dos papagaios, se divertir com os carros passando pelas ruas estreitas e íngremes, e descer por uma mágica escadaria até o velho porto, para relaxar em um novo parque.

1 Pegue o ônibus Muni nº 39 até o topo de Telegraph Hill – ou vá andando até lá.

Comece visitando a Coit Tower. No interior, há informações sobre os murais dos anos 1930 que cobrem as paredes.

A excêntrica Lillie Hitchcock Coit (1842-1929) casou por dinheiro, viajou muito e tinha um carinho especial por bombeiros. Ao morrer, deixou um terço de sua considerável fortuna para a cidade, "para ser utilizada de maneira a acrescentar algo belo à cidade que sempre amei". Após alguns estudos, decidiu-se construir um monumento aos bombeiros na Washington Square e a Coit Tower. Segundo a história, a pequena Lillie Hitchcock tinha apenas 8 anos quando foi salva por bombeiros de um prédio em chamas. Alguns anos depois, ao voltar da escola à tarde, viu os voluntários da brigada de incêndios Knickerbocker Fire Engine Nº 5 penarem para tentar subir a Telegraph Hill. Então, ela pegou uma corda e começou a puxar e pedir ajuda aos transeuntes. (Naquela época, os voluntários trabalhavam somente pela glória de apagar um incêndio.) A história de amor entre os Knickerbockers e Lillie Hitchcock Coit é eterna.

2 Ao deixar a torre, siga a trilha ao longo da estrada e vire à esquerda para descer a escadaria da Greenwich Street. Vire à esquerda na primeira rua (Montgomery Street) e vá até o fim.

É a entrada do restaurante Julius Castle, fantasia do imigrante italiano Julius

Roz, antigo empregado de restaurante. Construído para parecer um castelo quando visto dos barcos na baía, o restaurante é feito de sequoia e bordo, e não de granito e mármore.

3 Volte seguindo a Montgomery Street até a Union Street. Na esquina à esquerda fica um antigo conjunto de sobrados: nºs 1252 e 1254-1256 da Montgomery. Caminhe até o fim dessa rua.

Os sobrados datam dos anos 1860, quando esta área era acessível somente a pé – ou por escada. O escarpamento foi uma dádiva em 1906, quando as rochas serviram de proteção natural contra o fogo – provável razão para estes prédios terem sobrevivido ao incêndio. (A história segundo a qual os moradores apagaram o fogo com vinho é lenda.) A proximidade do animado porto logo

À ESQUERDA: MURAL DA COIT TOWER; ACIMA: MONUMENTO AOS BOMBEIROS NA WASHINGTON SQUARE

DISTÂNCIA **1,6km (1 milha) – algumas escadarias íngremes**

DURAÇÃO **1h-1h30**

INÍCIO **Topo de Telegraph Hill**

TÉRMINO **Embarcadero**

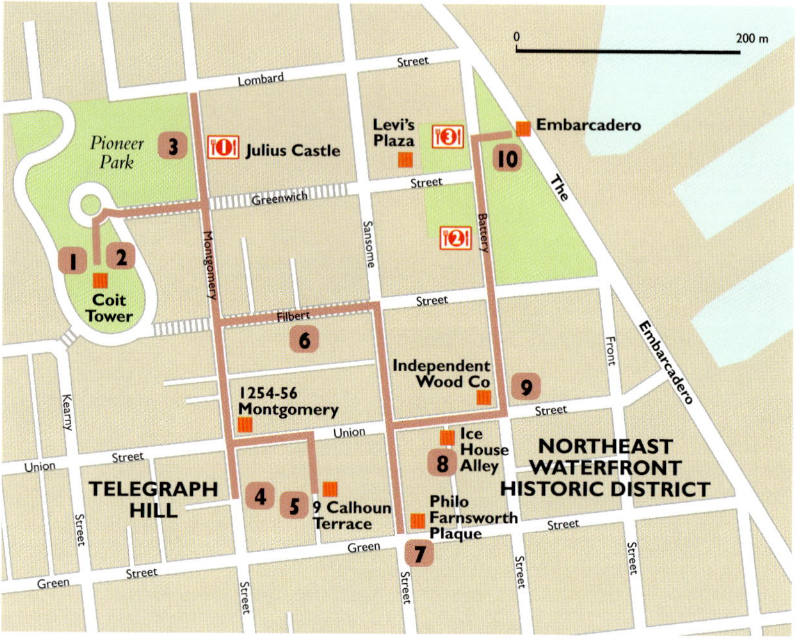

abaixo era a principal razão para morar aqui. Na corrida do ouro, esta área era conhecida como Little Chile, porque os trabalhadores – marinheiros, empregados das docas e prostitutas – vinham de portos do Chile, Peru, Panamá e México. (Naquele tempo, a maneira mais rápida de chegar à Califórnia era de navio.)

As casas foram sendo construídas com materiais recuperados dos navios abandonados no porto – madeira para as barracas e velas para tendas. Enquanto a cidade crescia e as margens recuavam, esta área continuou sendo um bairro operário até recentemente.

4 Volte pela Montgomery até a Union Street. Vire à direita e à direita de novo, no nº 9 da Calhoun Terrace.

Assim como as casas da Montgomery Street, esta casa de estilo gótico data do começo de São Francisco. O primeiro morador foi o dr. David G "Yankee" Robinson, um físico, ator e gerente de teatro do século 19.

À DIREITA: O RESTAURANTE JULIUS CASTLE, SEMELHANTE A UM CASTELO, COM LINDA VISTA DA BAÍA

5 **Volte pela Calhoun Terrace e Union até a Montgomery. Entre à direita na Montgomery e à direita de novo para descer a escadaria da Filbert Street.**

Você já deve tê-los ouvido neste passeio, mas esta é a verdadeira casa destes papagaios, conhecidos como papagaios selvagens de Telegraph Hill. Tornaram-se famosos por causa de um morador, Mark Bittner, que os estudou, protegeu e amou durante anos. (Para mais informações sobre seu livro e o documentário sobre eles, consulte www.markbittner.net/parrots_central.html.)

Embora já íngreme por natureza, este declive de Telegraph Hill se tornou ainda mais inclinado por causa da exploração de pedreiras. As primeiras forneciam lastro para os navios. Mais tarde, as rochas serviram para calçar as ruas. As pedreiras – principalmente a Gray Brothers – tinham poderosos amigos (bem recompensados) na prefeitura, que ignoravam as queixas dos moradores em relação ao barulho. De fato, a política da companhia era tornar insuportáveis as condições de vida dos moradores para poder negociar a compra dos lotes e garantir futuros lucros. Em junho de 1884, uma explosão mais violenta provocou deslizamentos que destruíram casas na Calhoun Terrace e em outros lugares. Como a Gray Brothers desrespeitou a decisão judicial que ordenava a suspensão das explosões, os moradores de Telegraph Hill protestaram jogando pedras nos trabalhadores da empreiteira. A Gray Brothers não tratava melhor os próprios empregados. Em 1915, um deles atirou em um dos irmãos e o matou. Logo depois, as explosões cessaram.

6 **No fim da escadaria, vire à direita na Sansome Street. Ande dois quarteirões e procure a placa no nº 200 da Green, que homenageia Philo Taylor Farnsworth.**

Philo Farnsworth (1906-71) tinha 22 anos quando criou seu sistema de televisão, em 1927. Este rapaz de família

ACIMA: UMA DAS LADEIRAS E RUAS ESPETACULARES NA BEIRA DA BAÍA mórmon de Utah desenvolvera o conceito como projeto científico escolar. Depois, processou com sucesso a RCA por uso ilícito de patente.

7 Volte da Sansome para a Union Street e vire à direita. Pare na Ice House Alley para admirar a mistura de prédios antigos e novos.

Depois que seu escritório do centro foi destruído, em 1906, o jornal *San Francisco Bulletin* alojou-se temporariamente na Merchant's Ice Company, no fim da Sansome Street, ao pé da Telegraph Hill. A sala de edição e a da linotipia ficavam no forro do telhado, enquanto a sala de impressão ficava num barraco abaixo.

8 Continue na Union e entre à esquerda na Battery Street. Pare no nº 1105 da Battery com a Union.

Este é o antigo prédio da Independent Wood Co, com a típica fachada dos prédios da área portuária. O nº 1105 da Battery foi projetado para ter um comércio no térreo e quartos de aluguel nos andares de cima.

9 Continue pela Battery Street e passeie pela Levi's Plaza – uma linda mescla de antigas e novas construções.

O alemão Levi Strauss (1829-1902), chegou a São Francisco em 1853, com 24 anos, para abrir uma filial da empresa de tecidos de seu irmão. Um de seus clientes era o imigrante letão Jacob Davis, que criava uniformes para os mineiros.

ONDE COMER

1 JULIUS CASTLE,
1541 Montgomery Street
Tel. 1-415-392-2222
A linda vista combina perfeitamente com a boa comida. $$$

2 FOG CITY DINER,
1300 Battery Street
Tel. 1-415-982-2000
Agradável, cardápio clássico com toque de São Francisco. $$

3 IL FORNAIO,
1265 Battery Street
Tel. 1-415-986-0100
No Levi's Plaza – ótimos pratos para viagem ou para comer no lugar. $$

Ele percebeu que os bolsos dos mineiros, carregados de ferramentas, ouro e prata, rasgavam. Sua solução foi colocar rebites nos bolsos das calças. Mas Davis não podia pagar US$68 pela patente e associou-se a Strauss. De 1873 a 1890, a patente lhes deu o direito exclusivo de fabricar e comercializar os bolsos com rebites. Abaixo do parque, na Filbert com a Battery, ficam os vestígios do navio *William Grey*, da Corrida do Ouro, época em que esta área ainda estava imersa.

10 Vire à direita e atravesse o parque por meio quarteirão até o Embarcadero. Lá, pegue o metrô na estação Muni/BART, ou escolha a histórica linha de bonde F em direção ao Ferry Building ou ao Fisherman's Wharf.

A COIT TOWER, COM ALCATRAZ AO FUNDO

PASSEIO 9

Bondes, diligências e ferryboats

Este passeio, de Nob Hill ao Ferry Building, passando pelo distrito financeiro, vai lhe mostrar o sistema de transporte, que é vital para a cidade.

Historicamente, São Francisco era ligada ao mundo pelo mar ou por terra por meio de diligências e trens. A ferrovia transcontinental foi inaugurada em 1869, com término do outro lado da baía, em Oakland. A única maneira de atravessar a baía era por barco – as pontes foram construídas a partir dos anos 1930. Na cidade, pedestres, cavalos, carruagens e ônibus puxados a burros compartilhavam as ruas nos anos 1870, junto com uma nova invenção – o bonde. Logo, bondes elétricos – sobre trilhos como os bondes a cabo, mas movidos à eletricidade – começaram a substituir os modelos a cabo, que eram movimentados por um cabo subterrâneo. Siga este passeio e sente-se em uma diligência do século 19. Ouça o zumbido dos cabos e o tilintar do sino do bonde, e conheça o maquinário que os puxa. Olhe os ferryboats que atravessam a baía. Recomenda-se fazer este passeio nos dias úteis, quando todos os museus estão abertos: o Cable Car Museum abre todos os dias; o Wells Fargo Museum somente nos dias úteis; e o Railway Museum, de quarta-feira até domingo.

1 **Pegue o bonde na Hyde Street ou na Powell Street em direção ao Cable Car Barn and Museum, no nº 1201 da Mason Street com a Washington Street.**

Na cocheira de 1887 da histórica Ferries & Cliff House Railway Company, saiba por que você ouve zumbidos ao caminhar na Powell ou California Street. (Dica: veja os cabos e carretéis gigantes no subsolo.) Aprenda com o maquinista quando segurar e quando soltar o cabo. Veja como os bondes conseguem dobrar a esquina.

CABLE CAR BARN AND MUSEUM;
1201 MASON STREET;
www.cablecarmuseum.org/museum.html

2 **Desça a Washington Street por um quarteirão. Entre à direita na Powell Street. Vire à esquerda (descida) na Clay, até a Portsmouth Square.**

Ao descer a Clay Street, note o grau do declive: você está seguindo a rota do primeiro bonde a cabo. Foi aqui que Andrew Hallidie executou o primeiro teste prático do conceito de propulsão de veículo por meio de um cabo. Ele achou que ia funcionar… mas essas colinas são íngremes, e ninguém nunca havia tentado antes. Temendo que o sistema precisasse de ajuste – ou, pior, que falhasse –, Hallidie e seus ajudantes agendaram o teste secreto para as 4h da manhã do dia 2 de agosto de 1873. Se o bonde saísse dos trilhos, as ruas estariam vazias e ninguém se machucaria (nem seria humilhado). Mas o segredo vazou, a rua estava cheia e felizmente o sistema funcionou.

Os acidentes de bonde são raros, mas podem ter surpreendentes consequências. Talvez o acidente mais famoso tenha acontecido em 1964 (três anos antes do Summer of Love, ou Verão do Amor, veja no Passeio 18). Gloria Sykes estava na cidade havia duas semanas quando subiu no bonde da Hyde Street. O dispositivo que segurava o cabo se desprendeu e o bonde começou a descer a colina de ré. Não houve graves ferimentos, mas o trauma psicológico dessa jovem de 23 anos a tornou ninfômana. Ela pediu indenização de meio milhão de dólares, que o tribunal reduziu para US$50 mil.

3 **No próximo quarteirão, do lado esquerdo da Clay Street, antes da Montgomery, veja as placas em homenagem ao histórico Pony Express.**

Por um curto porém muito importante período antes que as linhas telegráficas fossem instaladas entre a Califórnia e a cidade de St. Joseph, no Missouri, o Pony Express forneceu corajosos montadores que, com cavalos selecionados por sua rapidez, entregavam a correspondência em dez dias, em vez dos costumeiros 20 dias das diligências. Os cavaleiros eram escolhidos por sua pontaria, destreza com cavalos, capacidade de suportar privações, e pelo peso – abaixo de 50kg. Sem dúvida, trata-se de uma versão do século 19 da mensagem instantânea.

4 **Atravesse a Montgomery Street, e siga à direita até o Wells Fargo History Museum, no nº 420 da Montgomery.**

À ESQUERDA: O HISTÓRICO BONDE ELÉTRICO DA LINHA F-MARKET

DISTÂNCIA **2,5km (1,5 milha)**

DURAÇÃO **1h30, mais 2 horas nos museus**

INÍCIO **Cable Car Barn and Museum, na esquina da Mason Street com a Washington Street**

TÉRMINO **Estação de metrô Embarcadero Muni/BART, parada Ferry Building da linha de bonde F-Market ou bonde a cabo da California Street**

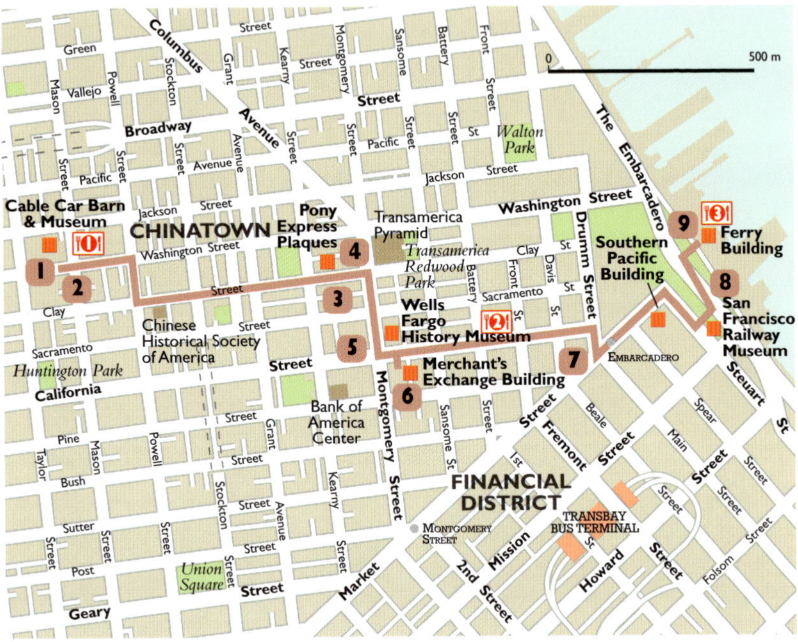

Antes dos aviões, dos trens e dos automóveis, já existiam as diligências. Este rico museu promove exposições, sempre renovadas, com cartas, livros, pepitas de ouro e filmes antigos. Ao subir na diligência, procure imaginar como você teria reagido quando Black Bart, o Poeta Bandido, invadiu uma delas para roubar uma mala cheia de dinheiro.

WELLS FARGO HISTORY MUSEUM;
420 MONTGOMERY STREET;
www.wellsfargohistory.com/museums/museums_sf.htm

5 Ao deixar o Wells Fargo Museum, vire à esquerda na Montgomery Street. Chegando à California Street, entre nela à esquerda e siga até o Merchant's Exchange Building, no nº 465.

À DIREITA: A CALIFORNIA STREET COM UM AUTÊNTICO BONDE A CABO, À DIREITA NA FOTOGRAFIA

GW
BAUER'S
LIMO & 17 TRANS.
SERVICE
FOR RESERVATIONS 1-800-LIMO OUT
Van Ness Ave. California
& Market
58

ONDE COMER

1 GALLERY CAFÉ,
1200 Mason Street
Tel. 1-415-296-9932
Café, sanduíches e lanches rápidos depois de visitar os museus. $

2 TADICH GRILL,
240 California Street
Tel. 1-415-391-1849
Deliciosos pratos desde 1849. $$

3 LULU PETITE,
Market Place, Shop 19, Ferry Building
Tel. 1-415-362-7019
Uma das ótimas opções de lanche ou jantar no Ferry Building. $$

Atravesse o saguão do banco para ver a exposição de paisagens marinhas de Coulter (1839-1946).

O pai do irlandês William Alexander Coulter era capitão da Guarda Costeira, e, com 13 anos, William começou sua aprendizagem em navios. Nas horas vagas, aprendeu sozinho a desenhar e a pintar. Ao chegar a São Francisco, em 1869, se empregou como veleiro. Paralelamente, continuou pintando, para mais tarde se dedicar plenamente à sua arte. Seu escritório ficava na esquina, no nº 325 da Montgomery Street. Ele morou em São Francisco e em Sausalito, do outro lado da baía, até o fim da vida, retratando barcos e navios na baía e no mar.

MERCHANT'S EXCHANGE BUILDING; 465 CALIFORNIA STREET; www.mxbuilding.com

6 Saia do Merchant's Exchange Building e vire à direita na California Street. Antes de chegar à Market Street, veja os bondes enfileirados no terminal da California Street.

Note que aqui não há plataforma giratória, como a do terminal das linhas da Powell Street. Por quê? Ao contrário dos bondes um tanto menores das linhas da Powell e Hyde Street, os da California Street circulam de frente e de ré.

Continue além dos trilhos do bonde e, logo à direita, veja o monumento dedicado ao poeta Robert Frost (1874-1963), nascido em São Francisco.

Agora olhe do outro lado da Market Street, para o antigo Southern Pacific Building, no nº 1 da Market. No final do século 19 e começo do século 20, a Southern Pacific Railroad Company dominava não somente as ferrovias mas também os ferryboats e as grandes extensões de terra ao longo das ferrovias, além de mandar na política local e estatal, assim como nos políticos – daí o apelido da companhia, The Octopus (Polvo).

7 Fique deste lado da Market Street e vire à esquerda. No final da Market, atravesse e siga a Steuart Street por um quarteirão, até o San Francisco Railway Museum, no nº 77 da Steuart.

Saiba curiosidades dos históricos e coloridos bondes elétricos da linha F, que vão da Market Street ao Embarcadero. Este pequeno e aconchegante museu é dedicado aos bondes que alguns voluntários mantêm iguais aos da época

em que percorriam as ruas de Milão, Cleveland, Los Angeles ou São Francisco. **SAN FRANCISCO RAILWAY MUSEUM;** 77 STEUART STREET; www.streetcar.org

8 Ao sair do Railway Museum, atravesse a praça à sua frente e siga à direita até entrar no Ferry Building.

Antigamente, a área que hoje é uma praça aberta em frente ao Ferry Building ficava lotada de bondes a cabo ou elétricos, carros e pedestres. O Ferry Building – situado aqui desde 1875 – era o corredor diário pelo qual os passageiros circulavam. Às vezes, as viagens diárias chegavam a 120 mil. Em 1930, 43 ferryboats levaram um total de 47 milhões de passageiros. (A população atual de São Francisco é de cerca de 750 mil habitantes.) Aonde iam essas pessoas? Para vários destinos da baía, Vallejo, San Rafael e Sausalito, mas a maior parte do tráfego era feito de leste a oeste, entre Oakland e São Francisco. A escritora Gertrude Stein, que cresceu do outro lado da baía, em Oakland, disse a respeito de sua cidade natal: "Lá, não há lá". De fato, desde 1869, quando o terminal ferroviário foi inaugurado, a importância de Oakland cresceu muito. Até a construção da Bay Bridge (que liga São Francisco a Oakland) e da Ponte Golden Gate, inaugurada no fim dos anos 1930, as pessoas e os carros utilizavam os ferryboats para atravessar a baía.

Dentro do Ferry Building, caso você não se deixe distrair demais pela comida, olhe as fotografias históricas que ficam na entrada e vá até o fundo para se sentar por alguns instantes e admirar os ferryboats que cruzam a baía.

9 A partir do Ferry Building, há inúmeras opções de transporte. Logo ali em frente fica a histórica linha F de bonde elétrico. Na Market Street está situada a estação de metrô Muni/ BART, e pela California Street passa a linha de bonde a cabo.

ACIMA: O FERRY BUILDING NO EMBARCADERO, COM A BAY BRIDGE ATRÁS

PASSEIO 10

No topo do mundo em Nob Hill

Alguns a chamam Snob Hill, mas o nome Nob Hill deve vir dos nabobs, homens ricos e importantes que construíram seus castelos aqui.

Somente os mais atrevidos moravam nestes íngremes declives nos anos 1850. Nos anos 1870 e 1880, esta colina se tornou lar dos ricos: lojistas que fizeram fortuna nas ferrovias (os "Big Four") e balconistas que ganharam dinheiro com o comércio e as minas de prata (os "Bonanza Kings"). Depois do incêndio de 1906, os ricos se mudaram mais para oeste, e Nob Hill tornou-se o lugar de clubes para homens, extravagantes apartamentos, elegantes hotéis e uma grande catedral. Em 1945, nos meses que precederam a criação das Nações Unidas, algumas cerimônias ocorreram colina abaixo, no distrito do Civic Center (veja Passeio 12), mas as negociações secretas aconteceram aqui, nos hotéis Fairmont e Mark Hopkins. Os amantes do cinema reconhecerão Nob Hill por ter servido de cenário para *Bullitt* (Grace Cathedral, o clube Pacific Union e o Mark Hopkins Hotel), *Um Corpo que Cai* (os apartamentos de Brocklebank e as ruas de trás), e *Milk – A Voz da Igualdade* (a Grace Cathedral aparece como a igreja em que Dan White vai rezar após atirar em George Moscone e Harvey Milk).

1 Pegue o bonde a cabo da California Street em direção à California ou Taylor (Grace Cathedral). Suba os degraus à direita para chegar à catedral.

Ao admirar suas torres altas, você poderá pensar por uns instantes que está em Chartres. Dentro, os guias podem lhe narrar a história da catedral. Não perca os labirintos (um dentro, outro fora), e a réplica dos portões frontais renascentistas de Lorenzo Ghiberti.

Esta catedral foi erguida em um terreno doado pelos membros da família Crocker, depois que sua casa foi destruída pelo incêndio de 1906. Charles Crocker, um dos quatro barões da ferrovia, os Big Four, morreu em 1888; seu filho William foi presidente do Crocker National Bank, que abrigou a Exposição Internacional Panamá-Pacífico de 1915, e foi atuante em assuntos comunitários.

GRACE CATHEDRAL;

www.gracecathedral.org

2 Volte à California Street, atravesse-a e siga em direção ao Masonic Auditorium, no nº 1111 da California.

O saguão dos anos 1950 com parede coberta de vitrais e pé-direito de 4m poderia receber gigantes. Descubra os segredos desta confraria maçônica visitando o Henry Wilson Coil Library and Museum of Freemasonry.

HENRY WILSON COIL LIBRARY AND MUSEUM OF FREEMASONRY;

1111 CALIFORNIA STREET;

www.sfmasoniccenter.com/aboutus/building_history.html

3 Continue na California. Vire à direita (subida) na Jones Street, atravesse-a e entre à esquerda na Sacramento Street. A meio quarteirão, entre à direita na Leroy Place e vá até o Water Tank.

O chefe dos bombeiros Dennis Sullivan foi uma das vítimas do terremoto da manhã de 18 de abril de 1906 (a chaminé do hotel ao lado caiu em cima do quartel onde ele dormia). Durante anos ele solicitara, sem sucesso, a melhoria do esquema de prevenção. Foi só depois de 1906 que se arrecadaram fundos para implantar as normas propostas por Sullivan, entre as quais grandes reservatórios de água no alto das colinas, como este, que utilizam a gravidade para alimentar um sistema de canos de alta pressão para combater grandes incêndios. (No centro, há hidrantes maiores e menores: os maiores fazem parte desse esquema de emergência.)

À ESQUERDA: O HOTEL MARK HOPKINS; ACIMA: PORTAS EM ESTILO RENASCENTISTA DA GRACE CATHEDRAL

ONDE COMER

1 CHICO'S MARKET,
1168 Leavenworth
Tel. 1-415-775-9812
O preferido dos habitantes do bairro, com comida para viagem e lanches. $

2 THE BIG FOUR RESTAURANT,
The Huntington Hotel,
1075 California Street
Tel. 1-415-771-1140
Ambiente de "clube masculino"; bom lugar para almoçar. $$$

3 TOP OF THE MARK,
Mark Hopkins Hotel,
California Street com a Mason
Tel. 1-415-616-6916
Elegante, com linda vista. $$$

8 Na California Street, após a esquina com a Mason, fica o Mark Hopkins Hotel.

Mark Hopkins (1813-78), outro barão dos Big Four, construiu sua mansão neste lugar, mas morreu antes que ela estivesse pronta. Após a morte de sua esposa, o segundo marido dela doou a mansão para o San Francisco Art Institute (veja o Passeio 11). No terremoto de 1906, várias pinturas foram salvas, mas o prédio foi destruído. O instituto continuou usando o lugar, em um prédio menor, que foi derrubado em 1926 e substituído pelo hotel atual, construído pelo jovem engenheiro de minas e investidor George D. Smith. Desde então, Mick Jagger, Liz Taylor, Elvis, o príncipe Phillip e o Dalai Lama já ficaram aqui. Tem um pequeno e interessante museu à direita do saguão.

9 Ao deixar o Mark Hopkins, vire à esquerda (descida) na Mason Street, e de novo à esquerda na Pine Street.

O muro de contenção de alvenaria que corre ao longo da Mason e da Pine é anterior a 1906, quando sustentava a colina acima do Hopkins e, ao lado, das mansões de Stanford. Leland Stanford (1824-93) fundou a Stanford University.

10 Entre à direita na Powell Street. Logo depois da Bush Street, olhe à direita, para o nº 535 da Powell.

O político e jogador Frank Daroux comprou esta casa para sua esposa, Tessie Wall, em 1912. Tessie dirigia o melhor prostíbulo da cidade no começo do século 20. Frank apaixonou-se por ela quando ambos tinham cerca de 40 anos – ele prezava a distinção social e o "bom gosto" dela. No primeiro encontro, tomaram 20 garrafas de vinho. No seu casamento, 105 convidados consumiram um bolo de 68kg e 80 caixas de champanhe. Mas, uma vez casados, Frank quis que ela deixasse os negócios. Em resposta, Tessie atirou nele com um revólver. Com ferimentos leves, ele pediu o divórcio. E ela ainda explicou à polícia: "Atirei nele porque o amo – que se dane!"

11 Continue descendo a Powell até a Union Square ou pegue o bonde a cabo da Powell Street.

À DIREITA: UMA MANSÃO DE NOB HILL

1 Pegue o bonde a cabo na Hyde Street ou o ônibus nº 41 ou 45 até a esquina da Hyde com a Union Street. Desça a colina da Hyde até a Russell Street. Vire à direita no nº 29 da Russell.

Jack Kerouac ficou aqui em 1952 com Neal e Carolyn Cassady, e os filhos deles. No seu estúdio do sótão, Kerouac escreveu *Pé na Estrada*. Nos cômodos abaixo, ele se apaixonou por Carolyn.

2 Suba a Hyde de volta e entre à direita na Union Street. Cruze a Leavenworth Street e suba meia quadra. Vire à esquerda na Macondray Lane e continue, mesmo depois que ela se torna uma trilha. Preste atenção ao cruzar a Jones Street. Siga na Macondray por meia quadra (até a escadaria arborizada) e volte para a Jones.

Embora seja uma rua, a Macondray é estreita e íngreme para os veículos. Com o nome de Barbary Lane, este é o cenário para a série de livros *Histórias de uma Cidade,* de Arminstead Maupin, a quintessência dos anos 1960 em São Francisco.

3 Suba à esquerda pela Jones Street. Na Vallejo Street, escolha subir pela escada ou pela rampa. Suba até o fim da rua e chegue ao topo de Russian Hill.

É também o lugar da primeira execução oficial em São Francisco: o cozinheiro e jogador espanhol de 32 anos José Forner y Brugada foi enforcado em 1852 por matar José Rodriguez. Forner y Brugada alegou legítima defesa.

ONDE COMER

1 JONA'S ON HYDE,
1800 Hyde Street em Vallejo
Tel. 1-415-775-2517
Agradável lanchonete na esquina com sanduíches, saladas e café. $

2 SWENSEN'S ICE CREAM,
1999 Hyde Street
Tel. 1-415-775-6818
Sorveteria à moda antiga. $

3 XOX TRUFFLES,
754 Columbus Avenue
Tel. 1-415-421-4814
Entregue-se ao chocolate! $$

Nos anos 1860, David Jobson ergueu um observatório aqui para espiar os navios que entravam na baía e para ser o primeiro a chegar ao mercado e comprar ou vender mercadorias. Nos fins de semana, por alguns trocados, todo mundo podia subir até o pico.

Veja as casas sombrias com paredes feitas de ripas nos nºs 1013-1019, projetadas por Willis Polk, e 1034 e 1036 da Vallejo. Atípicas da arquitetura de São Francisco, foram construídas nos anos 1880 e 1890 como uma resposta à resplandecência vitoriana. (Para mais detalhes sobre Polk, veja o Passeio 15.)

4 Siga a escadaria pelo parque (a continuação da Vallejo) até a Taylor Street. Cruze a Taylor no Ina Coolbrith Park. Pare aqui, perto do pico do parque, a menos que queira subir ainda mais.

À ESQUERDA: A NATUREZA MONTANHOSA DE RUSSIAN HILL O SEPARA DO RESTO DA CIDADE

DISTÂNCIA **3,5km (2,2 milhas) – algumas ladeiras e escadarias**

DURAÇÃO **3 horas**

INÍCIO **Esquina da Hyde com a Union Street**

TÉRMINO **Na Chestnut com a Mason Street**

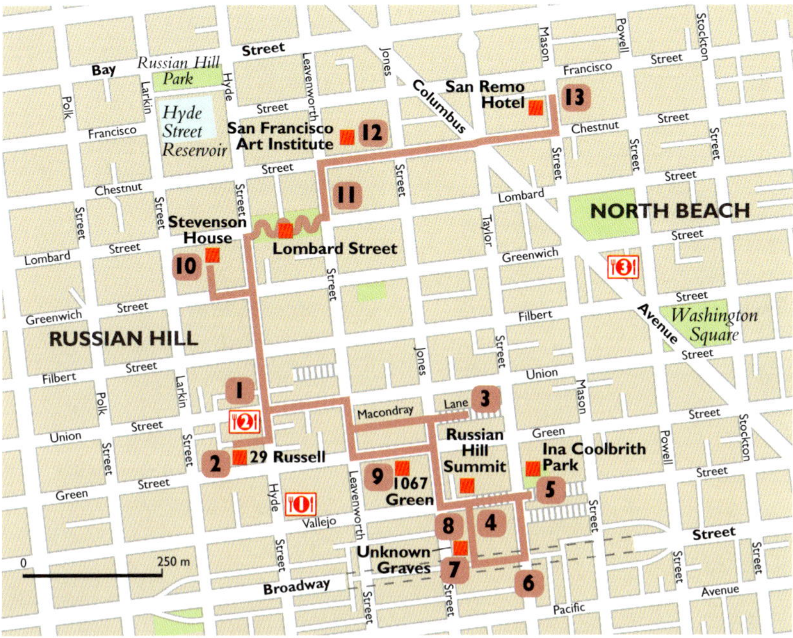

Ina Coolbrith (1841-1928) foi uma poetisa conhecida por sua beleza, seus poemas e os salões literários que frequentava. A casa à sua direita, nos nºs 1652-1656 da Taylor Street, é a famosa House of the Flag. Em 1906, com a ameaça do incêndio, o dono recebeu a ordem de deixar o lugar, o que ele se recusou a fazer. Utilizando a água da banheira e uma garrafa como sifão, ele tentou afastar o fogo. Por fim, desistiu e colocou uma bandeira no telhado. Os soldados em patrulha, comovidos, conseguiram subir a colina e salvar a casa.

Do outro lado da rua, no nº 1001 da Vallejo, ficava o prostíbulo gerido por Sally Stanford (1903-82). Mais tarde, ela se mudou para Nob Hill, e depois se aposentou em Sausalito, cidade da qual foi prefeita aos 72 anos.

5 De costas para o Coolbrith Park, desça aTaylor Street até Broadway.

Desde 1952, um túnel sob a Broadway Street desvia o tráfego de leste a oeste, para a tranquilidade do bairro. Antes, nos

anos 1890, em uma tentativa de suavizar o declive e tornar essas ruas transitáveis por veículos, a prefeitura cavou a base da colina, isolando na parte de cima as casas construídas nos anos 1850. Os proprietários tiveram que construir as longas escadarias e os muros altos de contenção que ficam do outro lado da rua. Inesperadamente, esses muros acabaram servindo para conter os incêndios de 1906.

6 **Atravesse a Broadway e suba à direita até a parte mais alta dessa rua, sem saída. Cruze à direita e suba a escada (não indicada) da Florence Street.**

No topo da escada, pare para retomar o fôlego, mas tenha cuidado com os espíritos. Este lugar foi outrora um cemitério, onde, no século 19, cruzes ortodoxas indicavam os túmulos de marinheiros desconhecidos e caçadores de focas enterrados aqui.

7 **Siga pela Florence Street para voltar à Vallejo.**

Na esquina à esquerda fica o lugar onde morou Gelett Burgess (1866-1951), autor de histórias em quadrinhos. Talvez ele tenha escrito aqui *The Ghost Extinguisher*, ensaio de 1905 em que explica as técnicas que desenvolveu para pegar fantasmas, com jarras de vidro, aldeído fórmico e uma bomba para pneu de bicicleta.

8 **Vire à esquerda na Vallejo, e então à direita, e desça a rampa da Jones Street. Na esquina, vire à esquerda na Green Street e vá até o meio da quadra.**

As casas vitorianas à esquerda sobreviveram a 1906: a mais peculiar é a Octagon House, no nº 1067 da Green, projetada nos anos 1850 com inspiração no frenologista, vegetariano e educador sexual Orson Fowler (1809-87). Segundo Fowler, o octógono é ideal para criar um ambiente luminoso, que promove uma forma saudável e sã de viver e aumenta o vigor sexual dos moradores.

O nome Green Street vem do candidato a prefeito da época da corrida do ouro, Paul Geddes, também chamado Talbot H Green. Durante a campanha, o senhor "Green" foi identificado como o bancário Geddes, que deixou família e dívidas na Filadélfia e fez fortuna aqui.

9 **Siga pela Green Street. Vire à direita na Leavenworth, à esquerda na Union e à direita na Hyde. Na Greenwich, suba à esquerda até o George Sterling Park.**

ACIMA: O PROSTÍBULO DE SALLY STANFORD, CONSIDERADO O MELHOR DA CIDADE NOS ANOS 1930

STOP

Leia a placa para saber mais sobre o poeta George Sterling (1869-1926) e Alice Marble (1913-90), seis vezes campeã de Wimbledon. Siga até o limite das quadras de tênis para ver a Stevenson House, no nº 1100 da Lombard Street (do outro lado da rua, na esquina à direita). Depois que Robert Louis Stevenson (1850-94) morreu, em Samoa, sua viúva, Fannie Osbourne, voltou para São Francisco e contratou Willis Polk para projetar esta casa. Tentando entrar em contato com o espírito de Robert, ela organizou seções de espiritismo aqui, que faziam muito sucesso, talvez por causa da lendária beleza de Fannie e seu charme. Talvez Robert tenha ouvido, já que os incêndios de 1906 não atingiram a casa.

10 Saia do George Sterling Park e volte para a Hyde Street. Entre à esquerda e desça a Lombard Street, conhecida na cidade como a Crookedest Street (a rua mais tortuosa).

Até 1922, o declive de 27% fazia com que esta rua, na época desenhada em linha reta, fosse de difícil subida para carros e carruagens. Os moradores apresentaram uma petição à cidade para que se projetassem curvas. No nº 1000 da Lombard ficava a casa de Pat Montandon. Como ela explicou no seu livro *Intruders* (publicado em 1975), uma noite em que se esquecera de trazer uma bebida para um leitor de tarô que ela havia contratado para uma festa, este a amaldiçoou, e então o ano seguinte foi terrível. O cão de Montandon passou a rosnar para "presenças" invisíveis, gritos ecoavam pela casa, amigos cometeram suicídio e um corpo não identificado foi encontrado depois de um incêndio.

11 Vire à esquerda na Leavenworth e depois à direita na Chestnut. Aqui, do lado esquerdo, fica o San Francisco Art Institute, no nº 800 da Chestnut.

É um fato sabido que simpáticos fantasmas podem estar ocupando a torre do sino. À noite, na hora de fechar, após o guarda desligar as luzes, não é raro que elas voltem a se acender. (Não perca o mural de Diego Rivera.)

SAN FRANCISCO ART INSTITUTE;
800 CHESTNUT STREET;
www.sfai.edu

12 Continue pela Chestnut Street mais dois quarteirões, vire à esquerda na Mason e vá até o San Remo Hotel, à esquerda, no nº 2237 da Mason.

Segundo a lenda, quando as "garotas" e os "rapazes" deixaram os prostíbulos e bares clandestinos na época da Lei Seca, o fantasma da cafetina permaneceu, e, às vezes, bate à porta do quarto 33. O espírito de uma menina foi visto aqui também passando pelos vestíbulos e tentando entrar no quarto 42.

SAN REMO HOTEL;
2237 MASON STREET;
www.sanremohotel.com

13 Para regressar, caminhe pela Chestnut até a Columbus Avenue e pegue o bonde a cabo da Mason Street ou o ônibus nº 20 ou 30.

À ESQUERDA: A LOMBARD STREET, TAMBÉM CONHECIDA COMO A RUA MAIS SINUOSA DA CIDADE

PASSEIO 12

Arte e corruptos no Civic Center

Neste passeio você vai conhecer o Civic Center – música, balé e arte de nível internacional – e o City Hall – erguido sobre um antigo cemitério.

Em abril de 1906, as ruínas do "Novo" City Hall (prefeitura) provaram que a cidade de São Francisco estava sendo administrada por escroques. Dizia-se que a prefeitura fora construída com uma mistura de "políticos e cimento ruins". Mas, como a fênix era o símbolo da cidade e de seu espírito (a codorna da Califórnia se tornou o pássaro oficial da cidade, já que a fênix é um ser mítico), São Francisco iria renascer de suas cinzas, melhor do que antes. As reconstruções no setor privado começaram antes mesmo que as cinzas tivessem esfriado. Os prédios públicos demoraram mais: com os recursos esgotados e as verbas desviadas, os eleitores estavam aborrecidos. Mas os preparativos para a Exposição Internacional Panamá-Pacífico de 1915 logo começaram, e a construção do novo City Hall se iniciou. Os fundos para os grandes centros de arte – museus, sala de concertos e a ópera – foram levantados mais tarde. Talvez por não ter sido construído às pressas, o Civic Center é admirável. Faça o passeio nos dias úteis, quando o City Hall está aberto.

1 Pegue o metrô Muni até a estação Civic Center e saia pela United Nations Plaza. Ou tome o histórico bonde da linha F em direção à Hyde ou Leavenworth Street. Ou ainda desça pela Market Street a partir de Powell. A praça fica à direita.

"Para poupar as futuras gerações do flagelo da guerra, ... para reafirmar a fé nos direitos fundamentais do homem, ... para promover o progresso social e um nível de vida melhor, com mais liberdade." Entre abril e junho de 1945, representantes de 50 nações se encontraram em São Francisco para criar a nova Organização das Nações Unidas. Nosso lugar no mundo está marcado na calçada, com longitude e latitude.

2 No fim da praça, atravesse a Hyde Street e passe diante da *Founders' Statue* (que sobreviveu a 1906). Mais à frente fica a Civic Center Plaza, e mais adiante ainda, o City Hall (mais sobre o City Hall adiante). Vire à direita na Larkin Street em direção ao Asian Art Museum, no nº 200 da Larkin.

Esta era a localização do cemitério da Yerba Buena (1850-60). A areia trazida pelo vento às vezes cobria os túmulos rasos, que eram marcados apenas com placas; algumas covas eram preenchidas com pedras, já que os coveiros eram pagos por túmulo e não por corpo. Em 1870, a maior parte dos túmulos foi removida, mas alguns ainda foram encontrados durante escavações em 2001. O cemitério deu lugar ao "Novo" City Hall, construído com material de má qualidade entre 1871 e 1898, e destruído em 1906.

O Asian Art Museum, no lugar da antiga maior biblioteca pública da cidade, tem ótimo acervo de artes de toda a Ásia.

ASIAN ART MUSEUM;
200 LARKIN STREET; www.asianart.org

3 Ao sair do museu, entre à direita na Larkin Street, atravesse a McAllister Street e vire à esquerda. O prédio que ocupa este quarteirão é da State Supreme Court, no nº 350 da McAllister.

São Francisco não é a capital estadual (que é Sacramento), mas nos anos 1870 a Corte Suprema do estado se instalou aqui. (Dizia-se na época que as ruas eram menos enlameadas, as bebidas eram melhores e as mulheres mais bonitas.) Veja as exposições de arte e de objetos sobre a cidade no saguão, e a representação panorâmica da antiga São Francisco no andar de baixo.

À ESQUERDA: O CITY HALL VISTO DE DENTRO; ACIMA: BUDA EXPOSTO NO ASIAN ART MUSEUM

DISTÂNCIA **3,5km (2,2 milhas)**

DURAÇÃO **2 horas**

INÍCIO **United Nations Plaza, na Market Street com a Leavenworth**

TÉRMINO **United Nations Plaza, na Market Street com a Leavenworth**

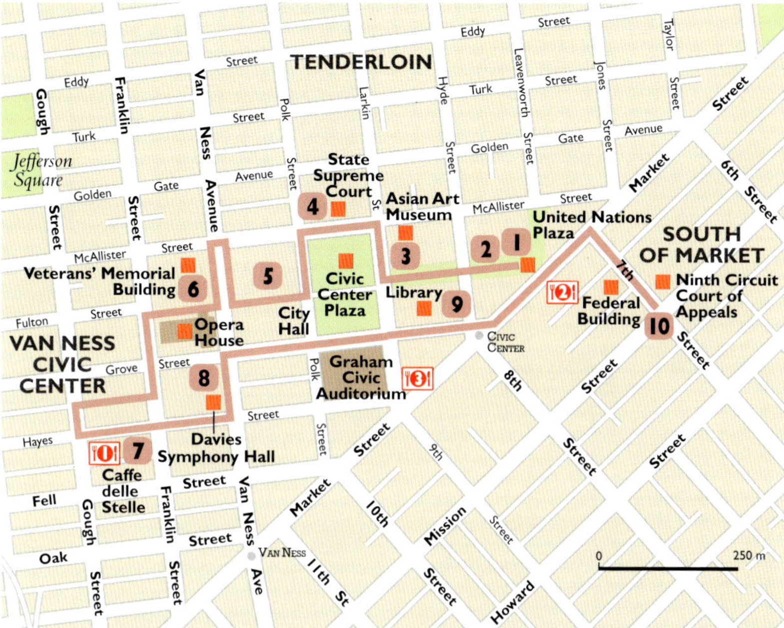

4 Ao sair, siga à direita pela McAllister Street e vire à esquerda na Dr. Carlton B. Goodlett Place (Polk Street) e entre no City Hall. (Lembre-se: o City Hall está fechado nos fins de semana e nos feriados oficiais.)

O City Hall (prefeitura) foi concluído em 1915, a tempo para a Exposição Internacional Panamá-Pacífico. Com uma altura de 94m, sua cúpula é a quinta maior do mundo, e 13m mais alta que a do Capitólio de Washington.

A rotunda é utilizada para casamentos, e cerca de 2 mil casais se unem aqui por ano. Em 1954, Marilyn Monroe se casou aqui com Joe DiMaggio. Como explicou o colunista Art Hoppe, "a hora e o lugar do casamento foram mantidos tão secretos que apenas 500 pessoas souberam disso a tempo de transformar o espaço… em um manicômio". Em 2004, perto do Dia dos Namorados, vários casamentos de pessoas do mesmo sexo foram realizados aqui – a legalidade dessas uniões foi depois derrubada nas urnas.

À DIREITA: A IMPONENTE CÚPULA DO CITY HALL, DE ESTILO BEAUX-ARTS

PASSEIO 11

Marinheiros mortos e artistas exuberantes

Com forte senso de boa vizinhança, Russian Hill é um lugar de elegância urbana e também o refúgio de artistas alternativos e boêmios.

Um bonde a cabo sobe até o alto enquanto outro desce a ladeira em sentido contrário. Aqui as ruas têm a repentina capacidade de se transformar em jardins ou escadas quando ficam íngremes demais para os carros. O tráfego da cidade é desviado sob a colina por um túnel. Russian Hill, a um pulo de North Beach e do centro, é de difícil acesso e forma uma ilha urbana. No século 19, autores e artistas convergiram para cá. Em 1906, o bairro foi varrido duas vezes pelos incêndios (sentido oeste na quinta-feira e leste na sexta-feira), embora ainda permaneçam algumas antigas construções (salvas pela topografia e por moradores determinados a não abandoná-las). Você vai encontrar um túmulo esquecido, o lugar do primeiro enforcamento, fantasmas maldosos de uma casa e outros simpáticos em uma torre do sino, um hotel assombrado, artistas brincalhões e escritores, e a casa onde a viúva de Robert Louis Stevenson tentou falar com o espírito dele. Vai conhecer também o melhor prostíbulo da cidade (nos anos 1930), dirigido por Sally Stanford – que depois se tornou prefeita de Sausalito.

A FONTE DAS TARTARUGAS EM HUNTINGTON PARK

5 Deixe o City Hall pela saída da Van Ness Avenue e olhe, do outro lado, para a War Memorial Opera House e o Veterans' Memorial Building. Para chegar lá, vire à direita na Van Ness, atravesse-a na esquina e volte pelo outro lado.

Estes dois prédios, construídos nos anos 1930, foram projetados para se complementar. As reuniões oficiais e a assinatura da Carta das Nações Unidas aconteceram aqui, em 1945. À direita fica o Veterans's Memorial Building, que abriga uma biblioteca e um museu sobre as artes performáticas, o Herbst Theatre, e vários escritórios. Muitas companhias se apresentam no Herbst, inclusive a San Francisco Performances (www.performances.org) e a City Arts & Lectures (www.cityarts.net). À esquerda fica a Opera House, que abriga a San Francisco Opera e o San Francisco Ballet.

Aliás, você não corre mais o risco de encontrar assombrações aqui. Os fantasmas de antigos artistas eram conhecidos por assombrar o palco após as apresentações, quando a luz era apagada. Mas hoje o palco, mesmo vazio, é sempre iluminado por uma luz forte – conhecida como a luz de fantasmas – para afugentá-los.

6 Caminhe pelo parque que separa a Opera House do Veterans' Memorial Building. No final, entre à esquerda na Franklin Street. Atravesse a Franklin no cruzamento com a Grove e siga em frente. Vire à direita na Ivy Street. Entre à esquerda na Gough, e à esquerda de novo na Hayes Street.

Veja do outro lado, no Caffe delle Stelle, no nº 395 da Hayes, o lugar do Incêndio de "Presunto com Ovos" de 1906. Por volta das 9 horas da manhã do dia 18 de abril de 1906, horas depois dos primeiros incêndios que se seguiram ao terremoto, uma mãe deste bairro ainda não atingido pelos incêndios resolveu preparar presunto com ovos para o café da manhã da família. Ela não sabia que o terremoto danificara a chaminé de sua casa de madeira. Ao acender o fogão, o fogo tomou conta não somente da casa como de toda a vizinhança, antes de se espalhar e queimar o que ainda sobrava do City Hall.

7 Continue pela Hayes Street. Na Van Ness Avenue, vire à esquerda e siga do lado do Davies Symphony Hall, a sede da Orquestra Sinfônica de São Francisco. Pare diante da escultura que há na esquina da Grove com a Van Ness.

ACIMA: A ELEGANTE FACHADA DO VETERANS' MEMORIAL BUILDING, CONSTRUÍDO EM 1932

Dos anos 1870 (quando a construção do City Hall começou, ao lado da faculdade) até 1906, o St. Ignatius Convent and College ocupava o quarteirão inteiro. Na manhã do terremoto, a multidão se juntou para ouvir a missa na capela, que ainda não havia sido danificada – mas o fogo do Presunto com Ovos a reduziu a cinzas. (Mais tarde, St. Ignatius se tornaria a Universidade de São Francisco.)

Quando a sala de concertos foi inaugurada, a sua acústica não era das melhores, mas ficou boa depois de vários ajustes – e pode até ser modificada para receber orquestras grandes ou pequenas, e mesmo concertos de câmara.

8 Atravesse a Van Ness Avenue. Entre à direita na Grove Street. Ao passar de novo diante da Civic Center Plaza, note que o prédio em frente é o principal da San Francisco Public Library, no nº100 da Larkin Street. Siga ao lado e pegue a entrada da Grove Street.

Veja os itens expostos logo depois da entrada: objetos de uso doméstico e outros, encontrados durante as escavações. As exposições temporárias de obras de fora do San Francisco History Center, no sexto andar, costumam ser excelentes.

9 Ao sair da biblioteca, siga pela Grove até o fim, na Market Street. Vire à esquerda na Market e vá até a 7th Street. Cruze a 7th Street e entre à direita. (A área é um pouco decadente, mas a caminhada é curta.) O grande prédio à direita é o novo Federal Building (não é aberto ao público).

ONDE COMER

1 CAFFE DELLE STELLE,
395 Hayes Street
Tel. 1-415-252-1110
Comida italiana servida por garçons franceses – popular entre o público das sinfônicas, óperas e dos balés. $$

2 CAFFE TRINITY,
1145 Market Street
Tel. 1-415-864-3333
Pequeno café com ótimo ambiente que oferece café e lanches. $

3 ANANDA-FUARA VEGETARIAN,
1298 Market Street em Larkin
Tel. 1-415-621-1994
Fartos e baratos pratos em um ambiente simpático. $

Do outro lado da rua, à esquerda, fica a Ninth Court of Appeals (9º Tribunal).

Hoje sede do 9º Tribunal de Apelações, o mais polêmico do país, o prédio já foi do correio e de outro tribunal em 1890. Graças a reservas financeiras, foram contratados artesãos italianos para decorar os corredores e o teto com mosaicos. Visitas guiadas: terças a cada duas semanas.

10 Volte pela 7th Street até a Market. Pegue o bonde da linha F (que vai direto para o centro da cidade), ou siga pela Market até a linha de bonde a cabo ou a estação de metrô da Powell.

O CITY HALL EM TODA A SUA GLÓRIA

PASSEIO

13

As famosas casas de Postcard Row

Conheça as casas de Postcard Row, na Alamo Square, e cruze o caminho de um assassino, de alguns gângsteres e de Guglielmo Marconi.

Os são-franciscanos hoje adoram as casas vitorianas, mas nem sempre foi assim. Se no fim do século 19 foram construídas algumas elegantes mansões, a maior parte das casas da época não tinha estilo particular, e era geralmente feita com madeira da sequoia trabalhada para que se parecesse com o mármore italiano. O estilo mudou com o decorrer do tempo, e algumas casas vitorianas foram transformadas conforme as novas tendências da moda: perderam a elegante fachada, substituída por gesso ou alumínio. Nos anos 1950, o lema na construção era "o velho está por fora, o novo está por dentro", e uma área de 27 quarteirões entre a Alamo Square e Japantown foi demolida dentro de um programa de reurbanização. Nos anos 1960, o lema mudou para "estamos perdendo nossa herança – precisamos salvar as casas vitorianas!". E foi o que aconteceu. Este passeio, à margem da área de reurbanização, vai lhe mostrar e fazer apreciar estas joias vitorianas tão típicas de São Francisco.

1 Pegue o ônibus Fillmore nº 22 até a esquina da Haight Street com a Fillmore. Siga à direita na Haight St. Entre à direita na Buchanan Street e vá até o nº 201, a Nightingale House.

Construída em 1883 para o imigrante da época da corrida do ouro, político e construtor de imóveis John Nightingale e sua família, esta casa não é parecida com as vizinhas, nem geminada a elas. Mesmo que não soubéssemos que o senhor Nightingale era rico, a arquitetura da casa nos dá dicas preciosas. Embora em escala modesta, o projeto é único por juntar elementos que se encontram apenas de forma esparsa nas demais casas.

2 Volte pela Buchanan até a Haight Street, entre à direita e siga pela Haight até a Laguna Street.

A casa nº 198 da Haight foi construída em 1884 para o especulador imobiliário e autodenominado "capitalista" Thomas Welch McMorey. Ao contrário de muitas casas de São Francisco, esta pertenceu à família McMorey durante um século. Os detalhes da fachada são no estilo italiano, muito apreciado nos anos 1870 e 1880. Para se adequarem à tradição europeia, em muitas casas a madeira da sequoia era tratada para que se parecesse com pedra. Para identificar o estilo italiano, veja se dão a impressão de altura, se tem telhado achatado, janelas salientes arredondadas e colunas.

3 Vire à esquerda da Laguna para a Page Street. Veja o nº 294 da Page.

Esta casa foi construída no fim dos anos 1880, quando o estilo Stick (listras de madeira achatada e outros ornamentos em formas geométricas, por isso chamado de estilo "bastão"– *stick*) substituiu o estilo italiano.

À medida que as técnicas de corte da madeira se tornaram mais mecanizadas, novas experiências foram feitas. Assim como no estilo italiano, as casas de estilo Stick tinham telhado alto e achatado, mas suas janelas salientes eram quadradas. E, como a Nightingale House (ver item 1 acima), a do nº 294 da Page é maior e mais enfeitada do que a vizinha – o que indica que foi projetada por um arquiteto e não por um construtor (que teria seguido um projeto padrão).

4 Vire à esquerda na Page Street.

À ESQUERDA: AS PITORESCAS CASAS DE POSTCARD ROW; ACIMA: DETALHE ARQUITETÔNICO

Apesar da lenda, esta mansão nunca foi a Embaixada da Rússia, nem a casa de Charles Manson (veja o Passeio 18). De fato, ela foi projetada pelo arquiteto Henry Geilfuss, em 1889, para um padeiro e confeiteiro, William Westerfeld. Em 1906, a viúva de Westerfeld e seu filho a venderam para John J. Mahoney (responsável pela reforma dos hotéis St. Francis e Palace). Seu amigo Guglielmo Marconi deve ter usado a torre para as primeiras transmissões de rádio.

Nos anos 1930, os bielorrussos usaram a casa como centro da sua comunidade, e o térreo se tornou o restaurante Dark Eyes. Depois que esses saíram, um mágico viveu na torre e mantinha 500 velas permanentemente acesas. Durante a época hippie, entre os moradores mais famosos estavam o diretor underground Kenneth Anger, e Ken Kesey e sua Calliope Company. No livro *O Teste do Ácido do Refresco Elétrico*, o escritor Thomas Wolfe a imortalizou como "um incrível gigante decadente conhecido como Embaixada da Rússia".

8 Continue pela Scott, descendo até a Golden Gate Avenue. Vire à direita. Veja a fileira de casas do nº 1513 ao 1531 da Golden Gate Avenue.

Este lindo conjunto de casas data de 1875 e foi construído pela companhia The Real Estate Associates (TREA), que projetou milhares de casas em São Francisco antes de ir à falência. (Certamente por causa dos empréstimos concedidos aos compradores dos imóveis.) O estilo é italiano, com a linha

do telhado achatada e as janelas salientes em ângulo. Olhe as casas de lado para ver o falso frontão projetado para dar uma ilusão de altura e majestade.

9 Continue pela Golden Gate Avenue até a Steiner Street e olhe a casa de esquina, no nº 1057 da Steiner.

Esta casa em estilo Rainha Ana, que data de 1890 e já foi chamada Chateau Tivoli, hoje resplandece com suas torres, janelas salientes arredondadas, seus arcos e 22 quartos. Dono de uma madeireira no Oregon, Daniel B. Jackson pode tê-la mandado erguer para uso próprio, ou para seu negócio. Durante alguns anos, foi a residência do dono da Tivoli Opera House de São Francisco. Nos anos 1930, abrigou uma escola judaica e um centro cultural; nos anos 1960, recebeu uma comunidade e alguns grupos new age.

10 Para pegar o ônibus nº 22 Fillmore de volta, siga em frente por um quarteirão até a Fillmore.

À ESQUERDA: TÍPICA CASA EM ESTILO RAINHA ANA; ACIMA: CASA EM ESTILO ITALIANO DA TREA

PASSEIO 14

Sushi e saionará em Japantown

Japantown é um bairro importante por sua história, cultura e religião. Mas seu agradável ambiente oculta um passado bem sombrio.

Os japoneses que chegaram aqui depois de 1906, quando os antigos moradores já tinham ido embora, foram proibidos de possuir imóveis, mas criaram uma sólida comunidade, com mercearias e restaurantes próprios. Em 1942, com a guerra já declarada, o presidente americano decidiu que todos os descendentes de japoneses deveriam deixar as áreas costeiras próximas de bases militares. Praticamente de um dia para o outro, milhares de japoneses e descendentes tiveram que fazer as malas e ir viver em campos de internamento. Quatro anos depois, com o fim da guerra, os antigos moradores voltaram e descobriram que seus bens agora pertenciam a outros. Muitos foram embora; outros ficaram e recomeçaram tudo do zero. Logo, os projetos pós-guerra iam provocar um novo deslocamento: dentro de um enorme projeto de "redesenvolvimento", 27 quarteirões de casas em Japantown e ao sul de Geary Street foram destruídas. Novas casas foram construídas no lugar, e uma nova Japantown nasceu.

1 Pegue o ônibus nº 38 até a Laguna, a Buchanan ou a Webster Street. (Ou então o nº 2, 3 ou 4 na Sutter.) Ande até a Peace Plaza, na esquina da Post com a Buchanan. Entre na Peace Plaza exatamente nessa esquina.

Este é um lugar tranquilo para sentar, exceto quando há um festival de música com os impressionantes tambores *taiko*. O pagode da paz, em estilo moderno, foi um presente do Japão.

2 De costas para o pagode e de frente para a Post Street, entre no shopping Kintetsu pelo lado esquerdo.

Este shopping foi projetado para parecer um vilarejo rural à noite. Caminhe pelos corredores, compre um quimono ou um conjunto para chá, se quiser. Seguindo em frente, o caminho sobe e desce em seguida, até chegar à enorme livraria Kinokuniya (com livros e revistas em inglês e japonês). Em direção à saída, entre à direita no espaço que parece um vilarejo rural no verão. Se puder tirar os olhos das deliciosas guloseimas vendidas no lugar, dê uma olhada nos arranjos florais nas vitrines da Ikenobo Ikebana Society.

3 Saia do shopping por onde entrou, atravesse a Peace Plaza pela esquerda e cruze a Post Street para chegar à área comercial de pedestres da Buchanan Street.

Na esquina à direita, no nº 1698 da Post, fica a Soko Hardware, uma loja de ferramentas com grande variedade de utensílios para a cozinha no subsolo. Soko é uma expressão japonesa local para designar SF, ou São Francisco.

Ao lado da Soko Hardware fica a pequena e simpática National Japanese American Historical Society, no nº 1684 da Post, que vale a pena conhecer.

De volta para a Buchanan Street, o pavimento, as esculturas e as fontes foram projetados para criar um ambiente estilizado com figuras de origami.

DISTÂNCIA **2,4km (1,5 milha) – algumas subidas**

DURAÇÃO **1h30**

INÍCIO **Peace Plaza, na esquina da Post Street com a Buchanan**

TÉRMINO **Esquina da Octavia Street com a Sutter**

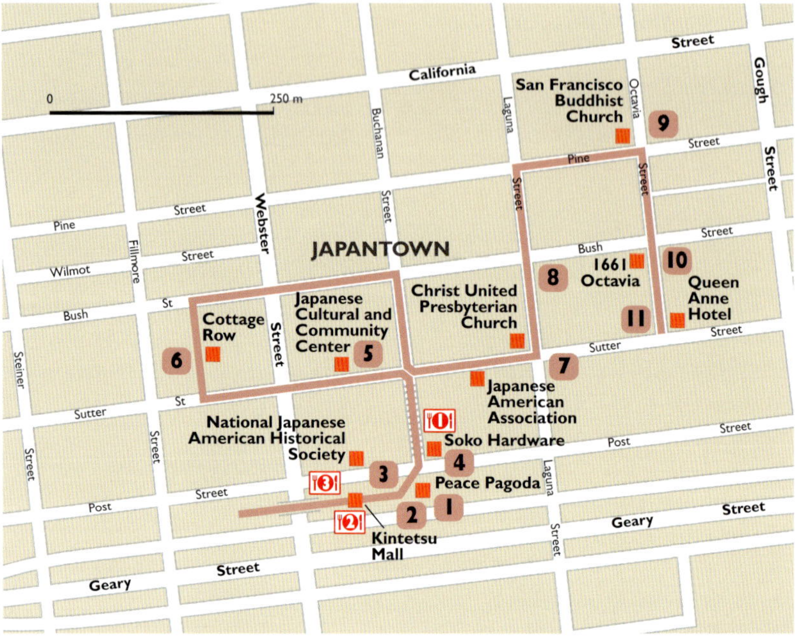

A escultora era Ruth Asawa, cujas obras podem também ser vistas na Ghirardelli Square (veja o Passeio 20) e na torre do de Young Museum (veja o Passeio 19). Quando Ruth tinha 16 anos, ela e sua família foram enviadas para campos de internamento. Ao refletir sobre essa experiência, ela declarou: "Não tenho rancor em relação ao que aconteceu; não culpo ninguém. Às vezes, as coisas boas vêm por meio da adversidade. Eu não seria quem sou hoje se não tivesse sido internada, e gosto do que sou".

4 Vire à esquerda e siga a Buchanan. Cruze a Sutter Street e entre à esquerda.

Aqui fica o Japanese Cultural and Community Center of Northern California, importante lugar de reuniões situado em um prédio moderno, projetado no estilo do Japão antigo.

JAPANESE CULTURAL AND COMMUNITY CENTER OF NORTHERN CALIFORNIA; 1840 SUTTER STREET; www.jcccnc.org

À DIREITA: ESCULTURA DA PEACE PLAZA RETRATANDO A DEPORTAÇÃO PARA OS CAMPOS NA GUERRA

I AM AN AMERICAN
JAPANESE
ANCESTRY
14323

O MODERNO E ESTILIZADO PAGODE DA PAZ NA PEACE PLAZA, UM PRESENTE DO JAPÃO PARA A CIDADE

PASSEIO 15

Os ricos e os infames de Pacific Heights

Você vai se admirar com as casas de Pacific Heights e sua vista para a baía. E se chocar com as escandalosas histórias de moradores famosos.

Este passeio vai levá-lo pelo suntuoso bairro de Pacific Heights, com sua vista espetacular e suas colinas. A região já foi sede de consulados e embaixadas, e o lar de empresários, estrelas e diretores de Hollywood, autores de best-sellers, físicos, políticos, excêntricos, cafetinas e até fantasmas. Pacific Heights se tornou um bairro da moda para a classe alta depois que Nob Hill ficou superlotado, no final do século 19, e especialmente após o incêndio de 1906. Aqui as casas são grandes, mas algumas mansões eram tão espaçosas que foram transformadas em escolas quando as famílias não conseguiram mais mantê-las. Outras foram divididas em apartamentos. As casas são primorosas, a maioria em estilo vitoriano. Entretanto, várias foram projetadas no estilo neoclássico, seja porque os proprietários não podiam pagar os melhores arquitetos, seja porque queriam romper com um estilo que achavam um tanto exagerado. Willis Polk foi o arquiteto predileto de Pacific Heights. Era visto como um *enfant terrible,* de temperamento difícil, mas brilhante e criativo – veja com os próprios olhos.

1 Pegue o ônibus nº 1 e vá até a esquina da California Street com a Pierce. Suba a colina pela Pierce até o Alta Plaza Park. Note as marcas que ficaram quando um Volkswagen desceu a escadaria no filme *Essa Pequena é uma Parada (What's up, Doc?)*. Atravesse o parque até a Jackson Street.

O nº 2622 da Jackson (com o telhado verde) foi projetado pelo jovem Willis Polk. Em 1941, foi a residência do cônsul do Japão; um dia antes do ataque a Pearl Harbor, a atividade da chaminé era tão intensa (devido à destruição de documentos secretos) que os vizinhos chamaram os bombeiros. Nos anos 1950, foi uma escola de música, e agora é a moradia de um diretor de Hollywood.

À direita, a bandeira francesa no nº 2570 da Jackson indica que é a residência do cônsul-geral da França. O grande prédio logo depois é um condomínio de luxo. Hillary e Bill Clinton, Al Gore, Barack Obama e Nancy Pelosi estão entre os amigos dos moradores.

2 Vire à esquerda na Jackson e à direita na esquina da Divisadero Street com a Pacific Avenue. Perto do topo, as estruturas de alvenaria à direita são da casa Ellinwood (veja mais adiante). Vire à esquerda e continue seguindo a Pacific por três quarteirões.

No primeiro quarteirão da Pacific Avenue, veja o nº 2820, à direita. Aqui, Willis Polk utilizou um terreno estreito até a Broadway para construir uma casa para a ativista Alice Griffith e sua irmã Carolyn, em 1910. (Você vai ver a fachada principal na Broadway.) Na esquina seguinte, no nº 2889 da Pacific, ficava a casa dos Folger (donos de uma empresa de café).

No segundo quarteirão, o nº 2900 da Pacific foi o consulado da Irlanda em 1945, e no nº 2961, uma casa que pertencia a uma família foi dividida em apartamentos pela organização de caridade Delancy Street Foundation.

Na esquina, veja o nº 2233 e o 2255 da Lyon Street, projetados por Willis Polk.

3 Vire à direita na Lyon Street e à direita de novo na Broadway Street. Mantenha-se do lado esquerdo.

Várias casas foram construídas aqui devido à Exposição Internacional Panamá-Pacífico de 1915; o nº 2970 da Broadway foi projetado para Sidney e Florence Ehrman, amantes da música que empregavam o jovem violonista Yehudi Menuhin (1916-99), que ensaiava aqui.

Outros projetos de Willis Polk ficam nos nºs 2880, 2840, 2808, 2800 e 2960 da Broadway.

Na esquina do nº 2901 da Broadway está a casa mais cara da cidade, posta à venda em 2006 por US$55 milhões. Do outro lado, à esquerda, no nº 2898, fica a antiga residência do advogado Melvin "Rei dos Danos" Belli e sua esposa, Lia. Durante seu tumultuado divórcio, em 1988, Belli chamou Lia de "El Trampo" e a acusou de ter jogado o cachorro da Ponte Golden Gate. Por fim, teve que pagar a ela US$15 milhões de pensão. Lia casou-se depois com um príncipe romeno.

À ESQUERDA: O ALTA PLAZA PARK, EM PACIFIC HEIGHTS

7 Vire à direita na Pacific Avenue. Vá até o nº 2324 da Pacific, antiga residência da cafetina (depois prefeita de Sausalito) Sally Stanford (1903-82). Vire à esquerda na Fillmore e novamente à esquerda na Jackson.

O nº 2209 da Jackson, construído em 1870, é a última das casas mais acessíveis deste quarteirão (chamado Tuckerville por seu construtor).

Na esquina da Laguna Street, nº 2090 da Jackson, a mal-assombrada Whittier Mansion foi construída em 1896. O fantasma (que gosta da adega) pode ter sido o primeiro proprietário, o fabricante de tintas William Frank Whittier (1842-1917), ou seu filho Billy. Por alguns meses, em 1941, foi a residência de Fritz Wiedemann, cônsul nazista. Segundo a lenda, ele teria escondido documentos secretos atrás de uma parede do sótão.

8 Continue pela Jackson Street. Entre à direita na Octavia Street. À esquerda fica o nº 2080 da Washington.

O herdeiro do açúcar Adolph Spreckels (1857-1924) ergueu esta mansão para sua jovem esposa, antes modelo de pintor, Alma de Bretteville, a tempo para a Exposição Internacional Panamá-Pacífico

ACIMA: A FACHADA BRANCA DA SPRECKELS MANSION NA WASHINGTON STREET

de 1915. Recentemente, a escritora Danielle Steel morou aqui.

Do outro lado da rua, o Lafayette Park foi um campo de refugiados em 1906. Nos anos 1800, o procurador Samuel Holladay "se apropriou" do terreno e construiu uma casa, alegando que os parques não podiam ter mais do que um quarteirão. Ele entrou com processo que durou 20 anos depois que a cidade tentou despejá-lo. (Holladay ganhou.)

9 Entre no Lafayette Park pela Octavia e atravesse-o. Do outro lado, cruze a Sacramento. Continue descendo a Octavia, até a esquina com o nº 1990 da California Street, a Atherton House.

Quando o marido da escritora Gertrude Atherton (1857-1948) morreu, no mar, seu corpo foi trazido de navio (sem aviso prévio) conservado em um barril de rum.

10 Suba de novo a Octavia St até a Sacramento e vire à esquerda.

O nº 2151 da Sacramento era, em 1923, o consultório do dr. Albert Abrams, brilhante médico que fez experiências com os raios X, foi professor na Cooper Medical College, e se disse falsamente titular de um diploma de medicina de Heidelberg. Abrams inventou e franqueou o dinamizador, o osciloclasto e o radioclasto para diagnosticar e tratar o câncer, o diabetes, a sífilis e outras doenças por sinais de rádio ou pelo telefone. Quando a American Medical Association julgou seu caso, entre seus defensores estava Sir Arthur Conan Doyle, que deve tê-lo conhecido durante uma de suas conferências sobre espiritualismo. (Para mais informações sobre espiritualismo, visite a Golden Gate Spiritualist Church.)

No nº 2220 da Sacramento, a Chambers Mansion foi erguida em 1887 para o mineiro e político Robert Chambers. Depois que ele morreu, Alice, Margaret e Sarah Chambers viveram aqui, mas caçadores de fantasmas alegam que até hoje a casa é assombrada pela herdeira de Chambers, Claudia (assassinada aqui).

GOLDEN GATE SPIRITUALIST CHURCH;

1901 FRANKLIN STREET; www.ggsc.org

11 Pegue o ônibus nº 1 Muni, que segue a Sacramento Street até o centro.

ONDE COMER

1 TULLY'S COFFEE,
2445 Fillmore Street
Tel. 1-415-929-8808
Café aconchegante para sentar e descansar. $

2 CHOUQUET'S,
2500 Washington St com Fillmore
Tel. 1-415-359-0075
Lugar para relaxar com cardápio variado para almoço e jantar. $$

3 TANGO GELATO,
2015 Fillmore Street
Tel. 1-415-346-3692
Trata-se de um bom endereço caso queira experimentar ótimos sorvetes. $$

PASSEIO 16

Mission District – onde nasceu a cidade

Passe por onde há covas de indígenas, espanhóis e gente da Era do Ouro, contorne as chamas de 1906 e, longe do perigo, explore a área moderna.

Não é coincidência que o mais antigo lugar de ocupação – o atual Mission District – tenha o melhor clima da cidade. Os indígenas trocavam as nubladas dunas de areia, varridas pelo vento, pelas ensolaradas lagoas daqui, cheias de riachos e perfeitas para caçar e pescar. Quando os missionários espanhóis chegaram, tentaram converter os indígenas, ensinando-os a cultivar e criar gado, de maneira que escolheram um local com água fresca e clima ameno já conhecido deles. Após a independência do México, quando a Igreja Católica perdeu muito do seu poder, as amplas terras das missões foram reduzidas a uma capela e um cemitério. Os novos imigrantes usaram telhas e pedras das antigas missões para construir outros prédios. Alguns edifícios foram transformados em tavernas e estabelecimentos de jogo. Durante a Corrida do Ouro, a estrada coberta por tábuas que corria pelas dunas se tornou um escape de fim de semana para quem morava no centro da cidade. Mais tarde, a estrada foi calçada e as linhas de bonde chegaram até aqui, junto com novos moradores de todas as origens.

| Tome o bonde J-Church até a esquina da 20th com a Church. Comece pelo alto do Dolores Park (canto sudoeste), entrando pela esquina da 20th Street com a Church Street.

Antes de se entregar à vista, olhe o hidrante de incêndio pintado de dourado, depois da trilha do bonde, na Church Street. O chefe dos bombeiros vem aqui todo dia 18 de abril, que é o aniversário do terremoto e do incêndio de 1906 e, com solenidade, repinta o hidrante de dourado. O fogo nunca atingiu este lugar, e por ser esse um dos hidrantes em que nunca faltou água (apesar da ruptura de 300 dutos de água), ele se tornou motivo de orgulho.

Voltando à vista do centro, pense na época em que isto era o limite da cidade. No século 19, os cemitérios judaicos ocupavam o parque atual. Quando fecharam, os corpos foram transferidos para Colma (a cidade ao sul de São Francisco que tem mais habitantes mortos do que vivos). Em 1905, a cidade adquiriu o terreno com o intuito de criar um parque, mas antes que o projeto fosse desenvolvido, o lugar enlameado se tornou um campo de refugiados para as vítimas do incêndio de 1906.

Hoje os moradores da cidade veem o parque como um balneário – um bom lugar para correr com o cachorro e pegar um bronzeado –, mais próximo e mais ensolarado do que as "verdadeiras" praias da cidade.

Há muitas igrejas nos arredores, mas o prédio de estilo mourisco do outro lado do parque é a Mission High School.

2 Desça até o centro do parque, onde, à esquerda, fica a estátua de Miguel Hidalgo (1753-1811).

Até os anos 1840, a Califórnia pertenceu primeiro à Espanha e depois ao México. Hidalgo foi um herói da independência mexicana contra a Espanha.

3 Volte à direita até o limite sul do parque, na saída da 20th Street com a Dolores. Atrevesse a Dolores Street e siga pela 20th.

Os incêndios de 1906 pararam aqui na 20th Street. As casas à esquerda foram construídas (ou transferidas para cá) mais tarde. Veja à direita algumas casas construídas no final do século 19 e que sobreviveram às chamas. (Logo você vai avistar outras casas mais bem conservadas.)

À ESQUERDA: O DOLORES PARK, COM A INCRÍVEL VISTA DO CENTRO; ACIMA: ESTÁTUA DE MIGUEL HIDALGO

8 **Vire à direita na 18th Street e vá até a esquina com a Valencia Street. Atravesse a rua e volte até a esquina da 18th com a Dearborn St. (Cuidado ao cruzar a 18th: os carros não param para os pedestres, exceto nos cruzamentos maiores ou com sinais e faixas.) Vire à direita na Dearborn e siga pela Bird.**

Ao longo da 18th Street, você caminha sobre água – pode senti-la? O riacho que desce de Twin Peaks, e agora passa por baixo, antes alimentava um lago que era usado pelos indígenas para caçar aves migratórias. Em 1906, um hotel na esquina da 18th com a Valencia desmoronou por causa do terremoto – os moradores poderiam ter escapado se não tivessem ficado presos e se afogado quando os dutos de água se romperam e encheram o riacho subterrâneo. Este riacho ainda existe e deixa úmidos muitos porões de lojas daqui.

Por causa de seu ótimo microclima, esta área é propícia para os jardins. Aquele da Bird com a Dearborn é comunitário, sob os cuidados de moradores locais.

9 **Continue pela Dearborn até a 17th Street. Vá até a esquina, atravesse e volte para a Albion. (Cuidado ao cruzar a Valencia.) À direita na rua, na esquina da Camp Street, pare diante da placa que marca o lugar onde se estabeleceu originalmente a missão.**

A primeira escolha dos franciscanos para estabelecer a missão foi aqui, na lagoa que fornecia água e comida – e aonde os indígenas vinham para caçar e pescar. Alguns invernos muito úmidos provaram que ficava perto demais da água, motivo pelo qual eles se mudaram para o alto da colina, onde a capela ainda existe.

10 **Vire à esquerda na Camp Street, à esquerda de novo na Guerrero, e à direita na 17th Street. Continue até a Abbey Street, entre à direita, e à direita de novo na Chula Lane.**

Você está andando sobre um antigo cemitério com centenas de túmulos não identificados de indígenas. Olhe pela cerca para o cemitério que ainda existe ao lado, com túmulos identificados de alguns dos primeiros colonos europeus.

11 **Vire à esquerda na Dolores até a antiga Mission Dolores Chapel.**

Ao entrar, procure um guia para a capela do século 18, o museu e o cemitério. Este é um dos dois cemitérios da cidade (o outro fica no Presidio). O túmulo que "Carlotta" e Scottie viram no filme de Hitchcock *Um Corpo que Cai* nunca existiu, mas o da cafetina Belle Cora, da Corrida do Ouro, sim. Procure a lápide de Charles e Annabelle Cora: de costas para a loja de lembranças, ela fica em frente e à esquerda, a cerca de dois terços do caminho que segue o muro de trás.
www.missiondolores.org

12 **Para voltar até o bonde J-Church, ao sair da capela, vire à esquerda na Dolores Street, e à esquerda de novo na 16th Street. A Church St e o bonde J-Church ficam um quarteirão acima.**

À ESQUERDA: A MISSION DOLORES CHAPEL, DO SÉCULO 18, E A BASÍLICA, DO SÉCULO 20

NO WOMEN'S BUILDING, MURAL QUE CELEBRA O PODER DE CURA DAS MULHERES

ALEJANDRINA TORR
DYLCIA PAGÁN
NOSOTRAS
RODRIGUEZ

PASSEIO 17

Solte-se em Castro, o fim da cidade

No fim do século 19, a área conhecida como The Castro era o fim da cidade. No final do século 20, tornou-se o porto seguro para a cultura gay.

Oficialmente chamado Eureka Valley, este lugar era visto como o fim do mundo. A Market Street acabava aqui, onde as vacas pastavam. Em 1887, uma linha de bonde a cabo estendeu-se pela Market, e depois para além da colina da Castro Street, e a área foi tomada por imigrantes irlandeses. Um túnel para o bonde foi inaugurado debaixo de Twin Peaks em 1917, e o fim do mundo saiu daqui. Com o decorrer do tempo, os antigos moradores se mudaram para os subúrbios. A compra e o aluguel dos imóveis caíram. Em 1964, a revista *Life* declarou São Francisco "a capital do mundo gay", referindo-se a North Beach e a Polk Street. Em 1977, quando o comerciante Harvey Milk, da Castro Street, foi eleito superintendente da cidade, o bairro – hoje chamado The Castro – já havia se tornado um lugar seguro para os gays. Em reação ao assassinato de Milk, em 1978, e à devastação causada pelo vírus da Aids (desde 1981), um profundo senso de orgulho comunitário e união se desenvolveu. Este passeio vai lhe dar provas disso, além de lembrar a época em que o bairro era o começo de nada.

1 Pegue o metrô Muni, linhas K, L, M, S ou T até a estação Castro. Ou pegue o histórico bonde F-Castro. Na esquina da Market Street com a Castro Street, visite a Rainbow Flag, e desça na estação Muni até a Harvey Milk Plaza.

Bandeiras com o arco-íris existem por todo o bairro, mas se alguém lhe disser: "Encontro você na Rainbow Flag", está se referindo àquela em particular. Foi instalada para comemorar a eleição de Harvey Milk, em 8 de novembro de 1977, como primeiro superintendente da cidade abertamente gay. Politicamente conservador e fechado, Milk trabalhara na Wall Street até se envolver com o diretor do musical hippie *Hair* e se mudar para São Francisco, onde fez seu "*coming out*", ou seja, declarou-se gay. Abriu uma loja fotográfica na Castro Street, tornou-se amigo dos clientes e de outros comerciantes, e logo foi considerado "prefeito" informal da Castro Street.

Milk tornou-se herói do movimento gay quando foi eleito e mártir quando o desgostoso superintendente anterior da cidade, Dan White, atirou nele e o matou (assim como ao prefeito George Moscone), em 27 de novembro de 1978. Na noite do crime, 20 mil pessoas marcharam com velas até o City Hall. Durante o processo, o advogado de White criou a famosa "*twinkie defence*", alegando que fora a comida que seu cliente ingerira que provocara esse ato irracional. Para a indignação de toda a comunidade, White não foi reconhecido culpado de assassinato, mas recebeu uma pena mais leve, por homicídio involuntário.

2 Ao sair da Harvey Milk Plaza, entre à direita na Castro Street. Este quarteirão mostra alguns dos prósperos negócios em Castro. Por exemplo:

A Twin Peaks Tavern, no nº 401 da Castro St, na esquina com a 17th Street. Foi o primeiro bar gay a ter janelas de vidro transparente – não é mais necessário esconder-se em cantos escuros.

O Castro Theatre, no nº 429 da Castro: um raro sobrevivente dos antigos cinemas. Erguido em 1922 pelo arquiteto Timothy Pflueger (1892-1946), apresenta filmes estrangeiros e alternativos e recebe vários festivais. Um órgão Wurlitzer ainda faz parte da decoração interna.

A Cliff's Variety Store, nº 479 da Castro: vende tudo, de peças de encanamento a boás de plumas; existe desde 1936.

3 Para ver onde ficavam a casa e a loja de Harvey Milk, cruze a 18th Street e olhe os nºs 573-575 da Castro, à esquerda. Volte então até a 18th Street e vire à esquerda.

Na esquina, o Harvey's, no nº 500 da Castro, é um bar popular que foi utilizado para algumas cenas do filme *Milk*, com o ator Sean Penn.

4 Siga pela 18th Street. Na Diamond, entre à esquerda. Você está na Most Holy Redeemer Roman Catholic Church, no nº 100 da Diamond Street.

Fundada em (1901), foi o amparo da comunidade de imigrantes irlandeses católicos de Eureka Valley. Adequando-

À ESQUERDA: O CASTRO THEATRE, CONSTRUÍDO EM 1922, É UM DOS ÚLTIMOS CINEMAS ANTIGOS DA CIDADE

DISTÂNCIA **2,5km (1,5 milha) – algumas colinas e escadarias**

DURAÇÃO **1h30**

INÍCIO Estação de metrô **Castro Muni**

TÉRMINO **Market Street**

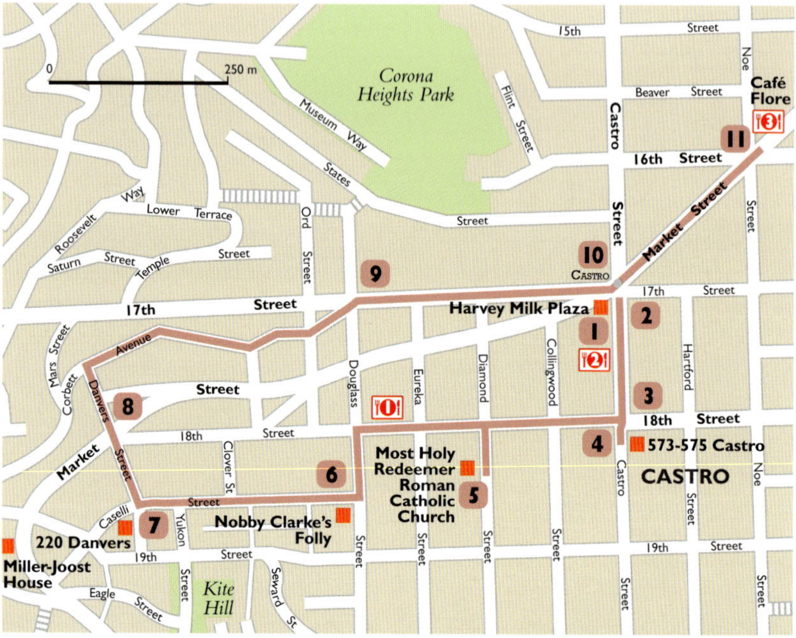

-se aos novos tempos, ela hoje recebe a comunidade gay e tem serviços de apoio, como o grupo de ajuda a portadores de Aids e um albergue.

5 Volte para a 18th Street e siga até a Douglass Street. Vire à esquerda. No próximo cruzamento, atravesse a rua. À direita fica Nobby Clarke's Folly, no nº 250 da Douglass.

Em uma época em que a maioria das casas custava de US$3 mil a US$5 mil, Alfred "Nobby" Clarke gastou US$100 mil para comprar 69 mil m² de terras e esta casa de quatro andares com várias torres. Ele apostou que a área se valorizaria com a chegada do bonde. Viera de navio da Irlanda até a Califórnia com outros adolescentes na época da Corrida do Ouro e trabalhou como estivador ao retornar à cidade. Logo percebeu que poderia ganhar mais na polícia. De fato, ao se tornar assistente do chefe da polícia, ele conseguiu guardar US$200 mil (alguns dizem que

ele tinha outras fontes de renda). Mas, enquanto ele acreditava na valorização do bairro, sua esposa e seu filho não estavam convencidos. Queriam morar junto aos mais ricos, em Nob Hill (daí a origem do apelido), e não neste fim de mundo! A família ficou apenas alguns anos. Desde então, a casa se tornou um hospital, depois serviço de quartos para os empregados da Standard Oil, e hoje é dividida em apartamentos e escritórios.

6 Vire à direita na Caselli Street e suba a Caselli até Danvers Street. À esquerda, veja o nº 220 da Danvers, do outro lado da rua.

Hoje residência privada, aqui ficava até recentemente a sinagoga da Congregação Sha'ar Zahav. Criada em 1977, o número de seus membros cresceu tanto que ela teve de se mudar há pouco tempo para um novo endereço, no nº 290 da Dolores Street, no bairro de Mission Dolores.

7 Vire à direita na Danvers. Atravesse a Market Street.

Na subida, passe diante do mural à direita. A casa em estilo campestre cor-de-rosa à sua frente, na Market Street, é a de Miller-Joost. Datada de 1867, é a mais antiga casa desta área. O primeiro dono, Adam Miller, criava gado na colina hoje cortada pela Corbett Avenue. (Onde você estará daqui a pouco.) Quando a filha de Miller, Anna, casou-se com um imigrante alemão, Behrend Joost, Miller lhes deu a casa e se mudou. Trabalhador, Joost começara como balconista, aplicando sua renda em imóveis e foi proprietário de mercearias. Depois de se mudar, ele comprou a licença de exploração de uma linha de trem elétrico que passava

ACIMA: A CASA DE MILLER-JOOST, CONSTRUÍDA EM 1867, QUANDO TUDO EM VOLTA ERA UMA FAZENDA

ONDE COMER

1 QUEEN MALIKA,
4416 18th Street
Tel. 1-415-626-4416
Panquecas e ótimas massas. Fora do circuito turístico. $

2 MARCELLO'S PIZZA,
420 Castro Street
Tel. 1-415-863-3900
Pizzas inteiras ou fatias. Uma das várias opções da Castro Street. $

3 CAFÉ FLORE,
2298 Market Street
Tel. 1-415-621-8579
Para tomar um café – ou para ver e ser visto. $$

pela colina. Adquiriu também uma fonte local e criou a Mountain Spring Water Company. Outrora amigos, ele e Nobby Clarke viraram inimigos – a fonte fora desviada das terras de Clarke. Amargo e visivelmente afastado de sua família, Joost se suicidou em 24 de setembro de 1917, para evitar uma morte lenta por causa da idade e de doença (tinha 82 anos).

8 Continue subindo a Danvers até o final na Corbett Avenue. Entre à direita na Corbett.

Quando aqui ficava o limite da cidade, as ruas não eram calçadas, e as casas eram espalhadas pela colina. Mais tarde, quando se desenharam as ruas, alguns terrenos ficaram inclinados entre a rua de cima e a de baixo. Note a longa escada que há na frente dos n°s 242 e 238 da Corbett, onde a Danvers encontra a Corbett Avenue.

9 Quando a Corbett Avenue termina na 17th, continue seguindo a 17th Street até quase chegar ao cruzamento com a Market e a Castro.

À esquerda fica a McCormick House (construída em 1902), com sua cúpula em forma de cebola, nos n°s 4040-4042 da 17th Street. À direita fica o Pink Triangle Park and Memorial, na 17th com a Castro. Um lindo parque triangular de cascalho de quartzo rosa e colunas triangulares de granito rosa, simbolizando o orgulho gay e as vítimas da Aids. (Nos campos de concentração nazistas, os prisioneiros homossexuais eram obrigados a usar um triângulo rosa como crachá de identificação – hoje o triângulo rosa é sinônimo de justo orgulho.)

10 Com a Rainbow Flag na Market St à direita, atravesse a Castro St e entre à esquerda na Market Street.

O nº 2348 da Market Street é o lugar onde ficava o primeiro bar abertamente gay deste bairro: o Missouri Mule, inaugurado em 1963. No cruzamento seguinte fica o Café Flore, no nº 2298 da Market Street, um bom lugar para relaxar.

11 Ao encerrar o passeio, pegue o bonde elétrico F-Market do outro lado da rua ou caminhe de volta até a esquina da Castro com a Market e pegue o metrô Muni.

À DIREITA: O PINK TRIANGLE PARK AND MEMORIAL, HOMENAGEANDO O ORGULHO GAY E AS VÍTIMAS DA AIDS

PASSEIO 18

Amor e lápides em Haight-Ashbury

Haight-Ashbury, à beira do Golden Gate Park: este é o lugar onde os mortos não são lembrados, mas os hippies e a psicodelia, sim!

Bairro da moda na virada do século 19 para o 20, Haight-Ashbury ficou esquecido com a depressão econômica dos anos 1930, e voltou a ser popular na Segunda Guerra, nos anos 1940, com várias mansões de família transformadas em apartamentos. Por volta dos anos 1950 e 1960, voltou à decadência. Então, muitos dos jovens que chegavam à cidade para conhecer a cultura *beatnik* (veja o Passeio 7) achavam North Beach muito cheio e ficavam aqui. Depois, veio a contracultura, com o "amor livre". Muitos grupos famosos tocaram de graça no parque. Bill Graham começou a produzir shows de rock com luzes, cenários psicodélicos, LSD, maconha – e maçãs. Bairro fascinante em si, Haight-Ashbury continua apegado à nostalgia desse Verão do Amor de 1967, quando 100 mil pessoas se juntaram aqui, o coração da revolução hippie. Neste passeio, você encontrará lápides no parque, as casas onde os Hells Angels moraram, a do assassino Charles Manson e da cantora Janis Joplin, assim como aquela onde o bailarino clássico Rudolph Nureyev (1938-93) foi detido por uso de drogas.

1 Desça do ônibus nº 6 Muni na esquina da Haight Street com a Central Avenue. Entre à direita nela e passe diante do nº 142, onde havia um estúdio de gravação no porão. Continue até o parque.

O Panhandle é uma faixa de parque de uma quadra de largura por oito de comprimento que fica à direita da parte principal do Golden Gate Park e acaba na Stanyan Street. Nos anos 1960, era o lugar de badalados concertos improvisados.

2 Na Oak Street, de frente para o parque, vire à direita e à direita de novo na Lyon Street.

Janis Joplin morou aqui, no nº 122 da Lyon. Tinha 27 anos quando morreu, em 1970. Sua voz e interpretação sensível de canções como *Piece of My Heart, Ball and Chain, Get It While You Can* fizeram dela uma estrela e um ícone até hoje.

3 Siga a Lyon Street e suba a grande escadaria de pedra para entrar no Buena Vista Park. Há várias trilhas dentro do Buena Vista, mas, para ver as lápides, siga este caminho. No alto da escadaria, entre à esquerda. No primeiro cruzamento (de 5 trilhas), siga aquela que sobe à esquerda. No cruzamento seguinte, você verá um armazém à sua frente. Pegue a trilha que sobe mais à direita.

Enquanto anda, observe o muro de sustentação e as calhas. Quando foi decidida a remoção dos cemitérios para fora dos limites da cidade, a maior parte dos túmulos e das lápides foi levada para Colma – mas quando o morto não tinha herdeiros afortunados, ou os membros da família não podiam ser encontrados, os ossos, o caixão e a lápide ficavam para trás. Quando as trilhas do parque foram pavimentadas, nos anos 1930, as calhas e os muros foram demarcados com o

À ESQUERDA: LOJA HIPPIE; ACIMA: CAMINHO FEITO COM LÁPIDES QUEBRADAS NO BUENA VISTA PARK

DISTÂNCIA 4,2km (2,6 milhas) – algumas colinas e escadarias

DURAÇÃO 2 horas

INÍCIO Haight Street com a Central Avenue

TÉRMINO Haight Street

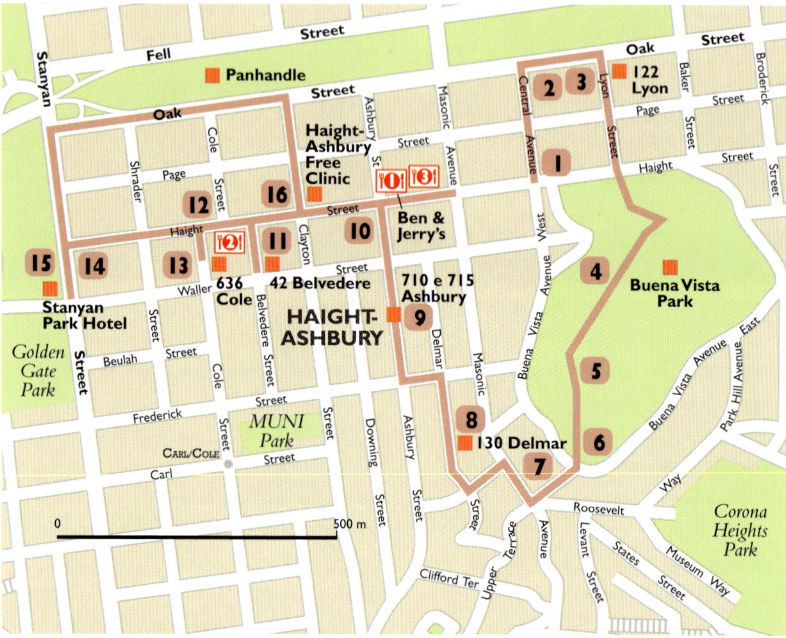

granito e as lápides (quase todas viradas ao contrário) dos túmulos abandonados do Lone Mountain Cemetery.

4 No cruzamento seguinte (4 trilhas), pegue de novo a trilha que sobe mais à direita. Siga adiante, subindo pelas curvas.

Quando a trilha se abrir em uma clareira, logo após um grupo de sequoias, espie a lápide mais conhecida do parque, na base do muro de sustentação. O sobrenome de Mary Anne era Conroy ou Conway? Se não achar a lápide, não se preocupe. Às vezes, Mary Anne parece querer se esconder até mesmo daqueles que conhecem bem o parque.

5 No cruzamento seguinte, em forma de T, siga à esquerda.

Quando a paisagem se abre à direita, pare para retomar o fôlego. A torre de telhado vermelho e os prédios diante da ponte indicam a localização do antigo

Lone Mountain Cemetery. O Masonic Cemetery (onde estava enterrado o Emperor Norton) ficava entre o Lone Mountain e a igreja de duas torres (St. Ignatius), à esquerda.

6 Continue na trilha, vá à direita no cruzamento e siga este caminho até para fora do parque, na Buena Vista Avenue com a Upper Terrace Street. Atravesse a Buena Vista Avenue e desça por um quarteirão a Upper Terrace.

A estrela de rock Graham Nash, do grupo Crosby, Stills, Nash e Young, morou nesta região (e ajudou na produção de discos dos grupos Quick Silver Messenger Service e Steve Miller Band, no estúdio de gravação que ficava no porão). É aqui também que mora Lemony Snicket, autor da coleção de livros *Desventuras em Série*. A casa de tijolos vermelhos, no nº 45 da Upper Terrace, tem fama de ter pertencido a um cônsul japonês, além de ser assombrada; mas talvez não seja verdade.

7 Vire à direita na Masonic Avenue e siga por um quarteirão. Entre à esquerda na Piedmont. Vire à direita na Delmar Street e vá até o nº 130 dessa rua.

O grupo de Jefferson Airplane – de sucessos como *White Rabbit* and *Plastic Fantastic Lover* – morou nesta casa durante o Verão do Amor. Depois do sucesso de *Surrealistic Pillow*, eles compraram a mansão do antigo barão da madeira, no nº 2400 da Fulton Street, que serviu de moradia, escritório e estúdio de gravação.

ONDE COMER

1 BEN & JERRY'S,
Esquina da Haight com a Ashbury
Tel. 1-415-626-4143
Filial de uma companhia de sorvetes criada por dois amigos no Vermont. $

2 RED VIC PEACE CAFÉ,
1665 Haight Street
Tel. 1-415-864-1978
Volta engraçada ao passado. $

3 BLUE FRONT DELI & CAFÉ,
1430 Haight Street
Tel. 1-415-252-5917
Muito popular, serve comidas leves e deliciosas refeições. $

8 Siga descendo a Delmar. Vire à esquerda na Frederick Street. Entre à direita na Ashbury Street. A meio quarteirão, você verá estas duas casas, cada uma de um lado da rua:

O nº 710 da Ashbury foi moradia do Grateful Dead, em 1966-68, banda que misturou rock , reggae, blues, folk e country e se tornou símbolo do som de São Francisco.

O nº 715 da Ashbury foi o quartel-general em São Francisco dos Hells Angels, motoqueiros que ganharam fama no mundo do rock quando seus serviços de "segurança" no Altamont Speedway Free Festival – com os Rolling Stones, Santana, Jefferson Airplane e outros grupos –, em dezembro de 1969, teve consequências trágicas.

9 Continue pela Ashbury Street até a esquina da Haight Street.

Este cruzamento tornou-se famoso por causa de Ben & Jerry's, hoje parte de uma companhia maior, mas que começou quando dois amigos hippies do Vermont decidiram fazer sorvetes e depois os mesclaram com o ativismo social.

10 Entre à esquerda na Haight Street e siga os rastros do passado. Na Belvedere Street, vire à esquerda.

O nº 42 da Belvedere é o endereço onde o bailarino russo Rudolph Nureyev (1938-93) foi detido por fumar maconha em julho de 1967, após os vizinhos terem se queixado à polícia do barulho de uma festa. As acusações foram abandonadas mais tarde.

11 Volte para a Haight Street e vire à esquerda.

Pare no Red Vic Bed, Breakfast and Art, no nº 1655 da Haight. Construído em 1904 como Jefferson Hotel, o artista e militante pela paz Sami Sunchild o comprou em 1977 e o transformou em um nostálgico B&B no estilo dos anos 1960.

12 Vire à esquerda na Cole Street.

No nº 636 da Cole Street morou o assassino e líder religioso Charles Manson, junto com alguns seguidores. Manson já tinha uma longa história de crimes violentos (roubo de carro, invasão de casa, lenocídio) e já fora encarcerado quando se mudou para cá, em 1967, por ser acusado de praticar "amor livre".

13 Volte para a Haight Street, e vire à esquerda de novo.

Você vai passar pela incrível loja de discos Amoeba Music, no nº 1855 da Haight, em um prédio que antes fora um boliche. Se o tempo estiver bom, entre rapidamente no Golden Gate Park. Dê uma olhada pelo túnel para a Hippie Hill, lugar de muitos acontecimentos dos anos 1960. Então volte para a rua.

14 No final da Haight Street, vire à esquerda na Stanyan Street.

O histórico Stanyan Park Hotel, no nº 750 da Stanyan, foi erguido em 1904.

15 Volte pela Stanyan seguindo o Golden Gate Park e continue até a Oak Street. Vire à direita e escolha entre andar pela Oak ou voltar pelo Panhandle. Na Clayton Street, entre à direita.

O nº 558 da Clayton é o lugar da famosa Haight-Ashbury Free Clinic, fundada em junho de 1967 para pacientes dependentes de drogas e álcool, entre outros. A clínica é também conhecida por seu programa RockMed, criado em 1973, quando o produtor Bill Graham pediu equipes médicas de emergência na saída dos shows de Grateful Dead e Led Zeppelin, e que até hoje funcionam para shows e outros grandes eventos.

16 Vire à esquerda na Haight Street e siga adiante para ver a linda vista até pelo menos a Masonic Avenue. Pegue o ônibus nº 6 Muni em qualquer parada pelo caminho.

ACIMA: UM FUSQUINHA CUSTOMIZADO EM HAIGHT-ASHBURY RELEMBRA OS ANOS 1960

LINDAS PERNAS: EXTRAVAGANTE ESCULTURA NA HAIGHT STREET

ASHBURY
1500
HAIGHT

PASSEIO 19

Golden Gate Park – um orgulho de parque

Caminhe pelo belíssimo Golden Gate Park, pulmão e coração da cidade. Veja obras de arte, plantas exóticas, um asteroide e talvez um fantasma.

Quando Nova York ganhou o Central Park, São Francisco também quis o seu. O arquiteto que projetou o Central Park, Frederick Law Olmsted, recusou a proposta de cuidar do projeto, dizendo que era irrealizável. Não havia terreno para um parque. A cidade convenceu alguns ocupantes a ceder parte de suas terras, e assim um espaço de cerca de 800m de largura por quase 5km de comprimento foi preservado – mas como preservar a região costeira e as dunas de areia? Engenhosidade, tenacidade e um acidente com um embornal (a cevada espalhada criou raízes suficientes para que várias plantas crescessem) resolveram isso. O lugar se tornou um parque público proibido aos carros, com áreas naturais e avisos para não pisar no gramado. Duas décadas depois, a emulação e o orgulho cívico ajudaram a revitalizar a área, quando o empresário Michael de Young montou aí, em 1894, uma feira mundial, no estilo da Exposição Colombiana Universal de Chicago, de 1893. Fica aberto todos os dias. Evite a segunda-feira, quando o de Young Museum e a Conservatory of Flowers estão fechados.

1 Desça do bonde N-Judah na 9th Avenue. Desça a 9th Avenue em direção ao parque, entre e continue por ele. Depois do primeiro prédio à esquerda, siga os cartazes até o Strybing Arboretum.

Um passeio por este museu vivo de plantas é como uma pequena volta ao mundo, com espécies de todas as partes do planeta.

O megalomaníaco magnata da imprensa William Randolph Hearst (1863-1951), que serviu de modelo para o filme *Cidadão Kane,* de Orson Welles, foi parcialmente responsável pela linda obra ao lado da biblioteca hortícola. Em 1931, Hearst se apaixonou pela abadia cisterciense de Santa Maria de Ovila (erguida do século 12 ao século 17), e declarou que deveria ser desmontada de seu local perto do rio Tejo, na Espanha, trazida à Califórnia e remontada em uma de suas terras. Cerca de 10 mil pedras – que compunham a capela, o refeitório, o capítulo, o claustro abobadado e o pórtico da igreja – foram numeradas, encaixotadas e enviadas de navio até São Francisco. Quando aqui chegaram, as caixas foram armazenadas enquanto os arquitetos trabalhavam no projeto. Entretanto, Hearst ficou sem dinheiro e ofereceu a construção à cidade (mediante generosa compensação financeira). Mas a história não acaba aqui. Um incêndio se espalhou pelo armazém, destruindo as caixas com os códigos de remontagem e muitas das pedras. Depois de anos de negligência, as pedras que restaram foram utilizadas neste lindo terraço.

STRYBING ARBORETUM;
www.sfbotanicalgarden.org

2 Atravesse a rua por onde veio e entre na Concourse Drive. (A maneira de chegar à Concourse Drive depende de onde você sair do arboreto. Se sair por onde entrou, vire à esquerda na rua principal – Martin Luther King Junior Drive – e então à

À ESQUERDA: A CONSERVATORY OF FLOWERS; ACIMA: STRYBING ARBORETUM

DISTÂNCIA **6,5km (4 milhas)**

DURAÇÃO **2-3 horas, ou o dia todo se for visitar os museus**

INÍCIO **9th Avenue com a Irving ou a Judah Street**

TÉRMINO **9th Avenue com a Irving ou a Judah Street**

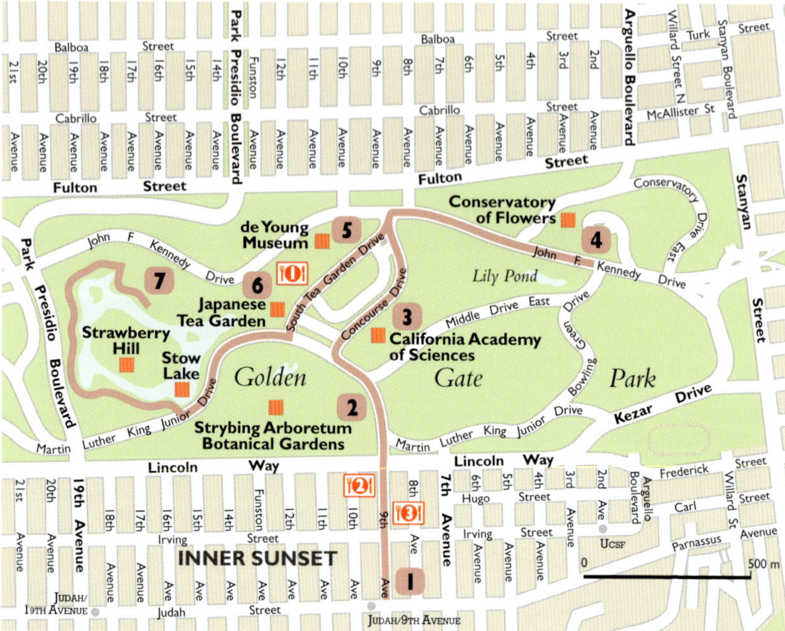

direita na Concourse Drive. Se sair do arboreto mais adiante, vire à direita na rua principal, e depois à esquerda na Concourse Drive.) À sua esquerda fica o espaço aberto bordado de árvores do Music Concourse, e à direita a California Academy of Sciences.

Este novo prédio "verde", com seu telhado todo arborizado e vários aspectos ecologicamente sustentáveis, abriga a mais antiga instituição científica da costa oeste dos Estados Unidos (criada em 1853). Nos seus primórdios, Charles Darwin (1809-82) a frequentou. A academia mudou-se para cá depois que sua sede no centro da cidade foi destruída pelo terremoto e incêndio de 1906. Nos cem anos seguintes, vários setores foram agregados, e o prédio não comportava mais suas atividades. Então, todos os animais foram transferidos para o outro lado da cidade, um lugar temporário, e depois trazidos para cá em uma nova estrutura – imagine a mudança de pinguins, cobras, jacarés, corais e peixes.

Foram necessários sacos de lona para as cobras, sacolas para os pinguins, aquários para os peixes – e os caminhões tiveram de andar lentamente para que a água não transbordasse! Dê uma olhada na exposição sobre a floresta Amazônica, nos recifes de coral colorido, nos pântanos, no planetário e no museu de história natural, ou leia sobre esses tópicos aqui: **CALIFORNIA ACADEMY OF SCIENCES;** www.calacademy.org.

3 Ao sair da academia, vire à direita e à direita de novo na John F. Kennedy Drive. Cruze à esquerda e, ao chegar à Conservatory of Flowers, entre.

O excêntrico milionário James Lick (veja o Passeio 1) encomendara estufas para sua propriedade, mas morreu antes

ONDE COMER

1 JAPANESE TEA GARDEN,
Golden Gate Park
Tel. 1-415-752-4227
Chá e biscoitos da sorte em um lugar calmo. $$

2 LITTLE SHAMROCK PUB,
807 Lincoln Way na 9th Avenue
Tel. 1-415-661-0060
Aberto para saciar a sede dos lavradores irlandeses que vieram para montar a Feira de 1894. $$

3 PARK CHOW,
1240 9th Avenue
Tel. 1-415-665-9912
Pratos ou refeições completas. $$

ACIMA: A CALIFORNIA ACADEMY OF SCIENCES COM SEU TELHADO ARBORIZADO

que fossem montadas. Assim como ocorreu com a abadia cisterciense de Hearst, as estufas de Lick foram doadas a São Francisco em pedaços e depois transformadas na Conservatory of Flowers. Os designers se inspiraram na Palm House dos Kew Gardens de Londres ao projetar a estrutura.

Enquanto caminha pelo parque, note a ausência de avisos para não pisar no gramado. O antigo superintendente, o escocês John McLaren, insistiu em que os visitantes pudessem andar na grama. De fato, se você estivesse aqui nos anos 1890, poderia ter visto algumas vitorianas animadas andando descalças na grama, segurando sapatos e meias, todos os dias às 6h30 da manhã, ao lado do hidropata August Willman, cuja "terapia d'água" trazia para cá seus seguidores da cidade suja para limparem adequadamente os pés com o orvalho matinal do parque.

CONSERVATORY OF FLOWERS;

www.conservatoryofflowers.org

4 **Ao deixar o conservatório, volte à esquerda pela John F. Kennedy Drive e vá até a área de junção dos caminhos. Aí, vire na Tea Garden Drive. À direita fica o de Young Museum.**

O de Young Museum original reciclara um prédio em estilo egípcio usado na Midwinter Fair de 1894, montada na esteira da Exposição Colombiana Universal de Chicago, de 1893, que homenageava Colombo. Para promover o saudável clima invernal de São Francisco, a feira abriu em janeiro aqui no parque. Seria coincidência, o fato de o principal patrocinador da feira – o editor de jornal Michael de Young – ser proprietário de terrenos baldios ao lado, cujo valor subiu devido ao aumento do movimento local?

O centenário museu já estava chegando ao limite de sua capacidade quando o terremoto de 1989 abalou tanto sua estrutura que se optou pela completa reconstrução. Os críticos dessa ideia argumentaram que o museu não pertencia ao parque e deveria então ser removido dali. Até hoje há divergência de opiniões quanto ao novo projeto e se os ondulantes espaços da exposição e a torre escura embelezam ou não o lugar.

DE YOUNG MUSEUM;

www.famsf.org/deyoung

5 **Ao sair do museu, entre à direita no Japanese Tea Garden.**

Criado para ser o Japanese Village da Midwinter Fair de 1894, este jardim inspirou-se em um semelhante exibido na Exposição de Chicago. Depois da feira, o jardineiro Makoto Hagiwara, originário de Osaka, morou aqui com a família até morrer, em 1925, expandindo e moldando o jardim em sua configuração atual. Sua filha, Tanako Hagiwara, seguiu a obra do pai, até ser obrigada a ir para um campo de internamento no Utah, em 1941 (veja o Passeio 14). Aliás, com o chá, a família Hagiwara sempre servia aos visitantes uns biscoitos com uma mensagem dentro. Então, ao chegarem a Chinatown, eles se tornaram os "biscoitos da sorte chineses"!

JAPANESE TEA GARDEN;

www.sfpt.org/japanese_tea_garden.html

6 Ao sair do Tea Garden, vire à direita e, na estrada principal, à direita de novo. Siga a curva e procure as placas que indicam Stow Lake na estrada que sobe à sua direita.

Strawberry Hill, a ilha no meio do lago, é uma pedra natural que originalmente era coberta por areia – não seria algo notável se não fosse um dos raros objetos naturais do parque. Stow Lake, por sua vez, é uma represa artificial. Ao caminhar pelo lugar, você passará pelas Huntington Falls, alimentadas com bomba d'água. A Roman Bridge, que liga a trilha externa à ilha obviamente não é da época romana. O Chinese Pavilion foi importado em pedaços de Taipei (Taiwan). Mesmo com estes elementos um tanto artificiais, é um lugar relaxante para compartilhar com corredores, ciclistas, crianças olhando as tartarugas e casais passeando de pedalinho.

Você também pode compartilhar a ilha com o fantasma de uma mulher que teria afogado seu filho não desejado aqui – apesar de triste, o fantasma é amigável. Ele vem aqui lamentar a tragédia que abalou sua vida.

7 Ao encerrar sua agradável visita ao parque, desça a colina de volta e siga pela Martin Luther King Junior Drive até a 9th Avenue com a Irving para pegar o bonde N-Judah.

ACIMA: O JAPANESE TEA GARDEN, NO GOLDEN GATE PARK

PASSEIO 20

Navios e mariscos no Fisherman's Wharf

Um passeio pelo Fisherman's Wharf, onde os turistas e os pescadores ficam lado a lado nos cais e nos bares há mais de um século.

Fisherman's Wharf é um lugar tradicional de pescadores. A frota do século 19 – juncos chineses, faluchos italianos e outros barcos – foi substituída por navios motorizados no século 20. Recentemente, a sobrepesca e outros problemas levaram o turismo a superar a pesca. Mas, de fato, o turismo começou em 1856, quando Abe Warner construiu o Cobweb Palace no antigo cais. Marinheiros, capitães e moradores locais vinham até o lugar para beber e ver obras feitas com dentes de baleia ou presas de morsa, animais empalhados, papagaios vivos e macacos (às vezes, um urso ou um canguru), tudo isso enfeitado por teias feitas pelas queridas aranhas de Abe. Em 1915, um novo tipo de coquetel foi inventado aqui: o coquetel de siri, que não é uma bebida, mas uma comida rápida. Hoje, o Fisherman's Wharf continua sendo o lugar para saborear esse coquetel, comer uma caldeirada de mariscos servida dentro de um pão redondo e experimentar o chocolate de São Francisco. Você também pode visitar um navio assombrado, saber seu futuro e andar pelo parque dos nostálgicos da antiga cidade.

1 Pegue o bonde a cabo da Hyde Street até o terminal da Hyde Street com a Beach. Olhando para a baía, vire à esquerda na Beach Street e siga até a Ghirardelli Square, com os imponentes prédios de tijolos vermelhos à esquerda.

Se não for cedo demais e você estiver sentindo frio, pare no Buena Vista Café para tomar um Irish coffee – que é a especialidade do lugar desde 1952.

O fabricante italiano de chocolate, Domenico Ghirardelli, chegou à Califórnia para a Corrida do Ouro. Nos anos 1890, seu negócio ultrapassou os limites do centro e ele se instalou aqui, no lugar de um antigo moinho. A fábrica se mudou nos anos 1960, mas o chocolate e outras iguarias estão à venda aqui. Leia as informações históricas enquanto vai até o salão de sorvetes.

2 Saia da Ghirardelli Square no andar debaixo, atravesse a Beach Street e entre no Victoria Park. Vire à esquerda no Maritime Museum e continue até o final do Municipal Pier.

Se o Maritime Museum estiver aberto, não perca. Foi construído nos anos 1930 para parecer um navio de cruzeiro de luxo, e o acervo é excelente.

Ao caminhar pelo cais, você está andando sobre um cemitério da antiga São Francisco, mas não há corpos enterrados aqui – apenas o entulho da cidade. A areia da praia vem do centro, escavada nos anos 1930 do subsolo de Union Square (durante as obras de construção do estacionamento). E o parque em si fica sobre um aterro de 1906. O terremoto e os incêndios produziram mais de 10 milhões de metros cúbicos de tijolos, madeiras, canos e detritos de casas. A maior parte foi jogada no mar, mas outra foi deixada em lugares acessíveis como este!

ONDE COMER

1 BOUDIN BAKERY,
160 Jefferson Street
Tel. 1-415-928-1849
Sanduíches e baguetes para levar. $

2 GHIRARDELLI ICE CREAM AND CHOCOLATE SHOP,
Clock Tower Building, Ghirardelli Square
Tel. 1-415-474-1414
Para os amantes de doces. $$

3 BUENA VISTA CAFÉ,
2765 Hyde Street at Beach
Tel. 1-415-474-5044
Famoso por seu Irish coffee. $$

3 Volte pela orla, passando pelo parque, até os prédios que abrigam o Dolphin Swimming and Boating Club (no nº 502 da Jefferson) e o South End Rowing Club (no nº 500 da Jefferson).

Louco para nadar? Não tenha tanta pressa... Os membros dos clubes Dolphin e South End nadam aqui diariamente. Mas, com a temperatura da água na faixa de 10°C e ondas e correntes que podem levar para longe o nadador mais exímio,

À ESQUERDA: OS SIRIS AINDA FAZEM PARTE DO CARDÁPIO DO FISHERMAN'S WHARF

DISTÂNCIA 3,7km (2,3 milhas)

DURAÇÃO 2 horas – mais se for visitar o Maritime Museum ou alguns barcos

INÍCIO Terminal do bonde a cabo Hyde Street, na Hyde com a Beach

TÉRMINO Terminal do bonde a cabo Hyde Street ou Jefferson, na Jones Street, para a linha F de bonde

é melhor pensar duas vezes. O antigo presídio da ilha de Alcatraz ("A Rocha") fica a apenas 2,5km de distância. Na época em que era prisão federal (1934-64), apenas um prisioneiro conseguiu nadar até o litoral (mas foi preso e sumariamente devolvido à cadeia).

Por falar em nadadores, em 27 de agosto de 1875, o banqueiro e investidor William C. Ralston, do Palace Hotel, foi nadar na baía, como fazia todos os dias, mas dessa vez não voltou. Fora uma péssima semana. Seus investimentos definhavam e os empréstimos não conseguiam mais pagar as dívidas. Seu Bank of California fechara as portas depois que alguns clientes retiraram US$1,4 milhão em um único dia. Ralston renunciou ao cargo de presidente. Talvez tenha nadado para longe demais, ou sofrido um ataque cardíaco, talvez desejasse a própria morte – não se sabe. Trinta e dois anos depois, Harry Houdini (1874-1926) se cobriu de correntes

e se lançou ao mar para homenagear Ralston. Ao contrário deste último (cujas correntes eram mais psicológicas do que físicas), Houdini saiu da água bem vivo, depois de 57 segundos imerso.

4 Mais adiante, vire à esquerda no Hyde Street Pier. Entre os navios históricos, existe um rebocador com roda de pás, outro a vapor, duas escunas, um ferryboat e o famoso veleiro *Balclutha*, que data de 1886.

Originalmente lançado ao mar perto de Glasgow, na Escócia, este navio de três mastros transportava cargas no mundo inteiro – fez 17 viagens pelo cabo Horn. Uma vez desativado, apareceu no filme *O Grande Motim*, de 1935. Segundo a lenda, o *Balclutha* é mal-assombrado. Por marinheiros perdidos no mar? Ou por um dos amotinados? Ou talvez seja apenas o ruído da madeira e das cordas.

BALCLUTHA;

www.nps.gov/safr/historyculture/historic-vessels.htm

5 Ao sair do cais, atravesse a rua até o Visitor Center do San Francisco Maritime National Historical Park, no Argonaut Hotel, no nº 495 da Jefferson Street.

O hotel fica no prédio Cannery, que data de 1907 e abrigou, entre outros, a

ACIMA: O NAVIO *BALCLUTHA*, FAMOSO POR SER MAL-ASSOMBRADO

companhia de pêssegos enlatados Del Monte (uma das mais importantes do mundo). Como estado, a Califórnia tem muitas produções agrícolas, mas São Francisco tem poucas. A importância da cidade vem do porto, do centro financeiro e, até recentemente, do centro de processamento de dados. Veja a história de Cannery em informações no local.

SAN FRANCISCO MARITIME NATIONAL HISTORICAL PARK;

www.argonauthotel.com/argmari

6 Ao sair do museu e do hotel, atravesse de volta a Jefferson Street e vire à direita. Depois de alguns restaurantes e empórios à esquerda (inclusive Alioto-Lazio, uma peixaria administrada por mulheres que vende siris vivos – www.crabonline.com), a rua segue após uma pequena marina de navios em atividade. Imediatamente antes de chegar ao restaurante Tarantino's, entre à esquerda em um caminho de tijolos que atravessa a marina. Vire à esquerda de novo no cais de madeira que conduz à Fishermen's and Seamen's Memorial Chapel.

Um memorial dedicado aos pescadores que morreram no mar. Aos domingos de manhã, você pode ouvir o canto gregoriano do Ofício Divino ou a missa tradicional católica romana em latim. Se visitar este lugar no primeiro sábado de outubro, poderá assistir à bênção anual da frota.

FISHERMEN'S AND SEAMEN'S MEMORIAL CHAPEL;

www.traditio.com/stjohn/memorial.htm

7 Ao sair, siga por uma pequena ponte em frente à capela e vire à direita na ampla estrada diante do prédio onde está marcado Pier 45, Shed B. Entre no prédio seguinte à esquerda, Pier 45, Shed A, e visite o Musee Mecanique.

Um incrível acervo de antigas caixas de música, jogos mecânicos e modernos jogos de vídeo – repare no autômato que cumprimenta você na entrada com seu estridente riso, mas também não se esqueça do bruxo, do cigano que lê o futuro e de outras figuras assustadoras.

MUSEE MECANIQUE;

www.museemechanique.org

8 Deixe o Musee Mecanique pela saída oposta àquela pela qual entrou. Se quiser visitar mais navios, vire à esquerda e siga em frente até o submarino *USS Pampanito* (construído

ACIMA: JOLLY JACK NO MUSEE MECANIQUE; À DIREITA: O PIER 39, LUGAR PREDILETO DOS LEÕES-MARINHOS

em 1943) e o "navio da liberdade" *Jeremiah O'Brien* (um navio de abastecimento que navegou no Atlântico norte durante a Segunda Guerra Mundial). Volte então pelo cais e cruze a rua até o Boudin Bakery and Museum.

Aprenda os segredos do pão de fermento natural de São Francisco ao observar os padeiros ou visitar o museu, ou compre um pão e descubra o gosto que tem.

BOUDIN BAKERY AND MUSEUM;

www.boudinbakery.com

Para curtir mais coisas estranhas e misteriosas, vá até o Wax Museum ou ao Ripley's Believe it or Not!

WAX MUSEUM;

145 JEFFERSON STREET; www.waxmuseum.com

RIPLEY'S BELIEVE IT OR NOT!;

115 JEFFERSON STREET; www.ripleysf.com

Ou continue pela orla e vá visitar os leões-marinhos, o aquário e outras atrações que ficam no Pier 39.

PIER 39;

www.pier39.com

9 Quando tiver acabado o passeio, volte pela Jefferson Street até o terminal de bonde a cabo na Hyde Street, ou vire à esquerda e saia da Jefferson na Jones Street e pegue o histórico bonde da linha F.

ANTIGA PRISÃO, NA ILHA DE ALCATRAZ

PASSEIO 21

Fantasmas e gente bonita na Marina

A Marina vibra de tão cheia de vida. Neste passeio você pode ver gente bonita, o lugar onde Ronald Reagan trabalhou, ou ouvir o som do mar.

A Marina está prensada entre duas antigas bases militares. Fort Mason, onde este passeio começa, abriga um dos melhores restaurantes vegetarianos do mundo, teatros, estúdios de arte e música, e museus. É também assombrado pelos fantasmas de antigos escravos e de um homem branco que perdeu a vida em um duelo por causa da escravidão. Junto à outra base militar, o Presidio, fica uma antiga ruína que precisa de obras constantes para não desabar, um incrível museu de ciências interativo e um píer construído sobre os escombros de um cemitério onde se pode ouvir o estrondo do mar por meio de periscópios. Entre as duas bases, uma laguna beirava a baía, e um campo de refugiados se erguia junto a ela em 1906. Em 1915, o quebra-mar e a laguna foram aterrados para receber a Exposição Internacional Panamá-Pacífico, que comemorava a abertura do Canal de Panamá e o renascimento de São Francisco como o da fênix, após a destruição de 1906. Hoje, gente bonita usa o lugar para velejar, correr, jogar futebol e paquerar enquanto faz compras em mercados e lojas de alimentos.

1 **Pegue o ônibus nº 30 Muni e desça na esquina da Van Ness Avenue com a Bay Street. Na Bay Street, vire à direita na Franklin Street para entrar na área de Upper Fort Mason. Depois de cruzar a MacArthur Avenue, a antiga capela fica logo à esquerda. Continue ao longo da Franklin Street. Na estrada circular à direita, fica a mal-assombrada Haskell House, conhecida como Quarters nº 3.**

Hoje é uma residência privada, então, por favor, não incomode os moradores! No decorrer dos anos, foram notadas atividades de fantasmas (quadros que caem das paredes, luzes que são ligadas em salas vazias, correntes de ar frio). Um caçador de fantasmas viu um homem alto de cartola e fraque, e alguns negros assustados e desorientados. Certos historiadores dizem que o homem alto deve ter sido o senador abolicionista David Broderick, que morreu em um duelo em setembro de 1857 contra o juiz do Supremo Tribunal David Terry, que era a favor da escravidão. Antes do duelo e nos três dias em que ficou no leito de morte, Broderick esteve aqui com seu amigo, o proprietário da casa, Leonides Haskell. Haskell e Broderick talvez tenham trabalhado juntos para salvar escravos, escondendo-os no porão da casa, antes de encaminhá-los à "ferrovia subterrânea" – o que certamente explica os fantasmas assustados e desorientados.

2 **Volte pela Franklin Street. Bem ao lado da capela, vire à direita na MacArthur Avenue, diante dos National Park Service Headquarters, e continue até o fim do estacionamento, para apreciar o Great Meadow e (se não houver neblina) a fabulosa vista da Ponte Golden Gate.**

Quatro décadas antes que Ronald Reagan se tornasse presidente dos Estados Unidos, o jovem segundo-tenente Reagan deve ter trabalhado no prédio de nº 201 – aquele que hoje abriga a administração do parque.

A certa distância, você pode ver a cúpula do Palace of Fine Arts. Se tivesse estado aqui entre o final de abril de 1906 e janeiro de 1907, poderia ter visto uma laguna beirando a baía, e fileiras de barracas militares, bem alinhadas entre trilhas de areia, com alguns cavalos e milhares de moradores. Aqui ficava o campo de refugiados de Harbor View, um dos maiores e mais lotados erguidos na cidade. Se você tivesse voltado em 1915, teria visto a Torre das Joias, a Coluna do Progresso, o Palácio das Manufaturas, o Palácio da Horticultura, a Fonte de Energia. A laguna, nessa época, estava aterrada, e amplas avenidas, muito frequentadas, cortavam toda a área da Exposição Internacional Panamá-Pacífico.

À ESQUERDA: A PONTE GOLDEN GATE VISTA DO MARINA GREEN; ACIMA: LETREIRO DA HASKELL HOUSE

Presidio National Park
Palace of Fine Arts
Exploratorium
Yacht Harbor
Wave Organ
Marina Green
MARINA
Great Meadow
Fort Mason Center
FORT MASON
Haskell House
San Francisco Bay
0
250 m
N
1
2
3
4
5
6
7
8
Lombard Street
Dewitt Road
Truby Street
Gorgas Avenue
Richardson Avenue
Doyle Drive
Crook St
Mason Street
Jauss Street
Marine Drive
Lyon Street
Yacht Road
Marina Boulevard
Marina Green Drive
Bay St
Baker Street
Broderick Street
Divisadero Street
Scott Street
Pierce Street
Steiner Street
Fillmore Street
Webster Street
Buchanan Street
Laguna Street
Octavia Street
Gough Street
Franklin Street
Van Ness Avenue
Greenwich Street
Chestnut Street
Francisco Street
North Point Street
Beach Street
Jefferson Street
Filbert Street
Avila Street
Alhambra Street
Capra Way
Prado St
Avila St
Toledo Way
Mallorca Way
Cervantes Boulevard
Rico Way
Casa Way
Retiro Way
Bay Street

DISTÂNCIA **5,6km (3,5 milhas)**

DURAÇÃO **2h30**

INÍCIO **Van Ness Avenue com a Bay Street**

TÉRMINO **Chestnut Street**

No dia 17 de outubro de 1989, você teria visto casas residenciais, exatamente como hoje, exceto que o fogo se espalhava a um quarteirão da antiga laguna. O terremoto de Loma Prieta causou incêndios, desmoronamentos de prédios e rupturas de canos de gás. Depois disso, as casas foram melhoradas e reforçadas, o departamento de proteção a incêndios pôs novos barcos de bombeiros em serviço e a população recebeu treinamento para poder ajudar os profissionais em caso de desastre.

3 Siga por qualquer trilha que atravesse o Great Meadow e vá andando em frente e à direita, até chegar ao setor mais baixo do parque, chamado Fort Mason Center.

Principal lugar de embarque das tropas americanas durante a Segunda Guerra Mundial, hoje o Fort Mason é um centro artístico onde se pode aprender italiano, esculpir barro, ter aulas de comédia ou então ver uma peça no Magic Theatre.

4 Ao sair do Fort Mason Center, siga à beira-mar, mantendo a baía à sua direita. Vire à esquerda e siga pelo Marina Green.

O supermercado Safeway, do outro lado da rua, é um famoso lugar de paquera, onde os casais se conhecem trocando dicas sobre o modo de descascar manga ou receitas de molho para massa, que então resolvem comer juntos.

Em termos de história, você agora está caminhando pela parte mais divertida e frívola da Exposição Internacional Panamá-Pacífico de 1915. As atrações e divertimentos ficavam concentrados nessa área final da feira.

5 No fim do Marina Green, vire à esquerda. No Marina Boulevard, vire à direita. Na Lyon Street, entre à direita, seguindo as placas em direção ao porto de iates. Continue enquanto a estrada volta em direção a Fort Mason. Pelo estacionamento, você passa diante do St. Francis Yacht Club (1927) e do Golden Gate Yacht Club (1939), até chegar ao píer, onde se encontra o Wave Organ.

Os alto-falantes que reproduzem o som do mar são feitos de canos em forma de periscópio, projetados para ressoar com o movimento. Os degraus, as plataformas e as paredes são feitos com as pedras que vieram do desmanche do Laurel Heights Cemetery. Se o Wave Organ parece uma festa para os ouvidos, à maré baixa o som pode ficar abafado – mas não desaparece. A festa para os olhos é compensadora, com linda vista da cidade, do porto de iates, de Alcatraz e da Ponte Golden Gate.

ONDE COMER

1 SAFEWAY,
15 Marina Boulevard
Tel. 1-415-563-4946
Lugar frequentado pelos jovens. $

2 GREENS,
Building A, Fort Mason Center
Tel. 1-415-771-6222
Mesmo para quem não é vegetariano, a comida é deliciosa (e se não quiser uma refeição completa, há um serviço de pratos para viagem). $$

3 ANDALE MEXICAN RESTAURANT,
2150 Chestnut Street
Tel. 1-415-749-0506
Opção popular, entre outras, na Chestnut Street. $

Em 1900, a cidade proibiu enterros em São Francisco (exceto em Mission Dolores e no Presidio). Em 1914, o Conselho de Saúde notificou a todos os proprietários conhecidos de jazigos que estes precisavam ser transferidos para a cidade de Colma, logo ao sul. Aqueles que escolhessem exumar e reenterrar seus entes queridos deviam pagar para tanto, e vários corpos – mas nem todos – foram levados até Colma. Durante a Grande Depressão dos anos 1930, a Works Progress Administration, financiada pelo governo, ajudou a criar e melhorar os parques, entre outras atividades. Um desses projetos previa usar as pedras do cemitério para criar este píer. (Veja também as lápides no Passeio 18 – já que seu uso não se limitou à Marina!)

6 Volte até a Lyon Street. Atravesse o Marina Boulevard. Aproveite para descobrir o Exploratorium.

Neste museu de ciências que parece uma casa divertida, descubra os mistérios da visão, da audição, do tato e da percepção. Mergulhe em uma sopa sônica e explore a escuridão no Tactile Dome, ou perca suas perspectivas com a ilusão de ótica.
EXPLORATORIUM;
www.exploratorium.edu

7 Ao sair de lá, continue por aquilo que parecem ser ruínas e a laguna, mas que na verdade é o Palace of Fine Arts, no nº 3601 da Lyon Street.

Estas "ruínas" foram projetadas para parecerem antigas desde o dia em que foram criadas. O arquiteto Bernard Maybeck (1862-1957) quis demarcar a extremidade oeste da Exposição Internacional Panamá-Pacífico com um toque de Itália antiga. Feitas de gesso e estuque, em vez de granito e mármore, elas precisam de reformas regulares, mas são tudo o que sobrou desta ampla manifestação.

8 Saindo da Bay Street (o lado sul do Palace of Fine Arts), vá até a Divisadero Street e entre à direita nela. Vire à esquerda na Chestnut Street, onde "gente bonita" toma café, janta e vai ao cinema. Lá você pode pegar o ônibus nº 30 Muni.

À DIREITA: AS "RUÍNAS" DO PALACE OF FINE ARTS

PASSEIO 22

O Presidio – de canhões a sabres de luz

Depois de 200 anos como base militar, o Presidio ruma para um futuro artístico com preocupações ambientais – apesar do passado.

Por séculos, os espanhóis acreditaram que tinham direitos sobre as Américas, querendo convertê-las ao cristianismo, mas com poucos recursos próprios. Com ouro, prata e indígenas trabalhando para eles, no México e no Peru, viam pouco interesse em seguir ao norte do que hoje é a Califórnia. Nos anos 1770, em uma derradeira tentativa (fracassada) de proteger o império contra as incursões dos baleeiros russos, dos comerciantes de peles franceses e dos exploradores ingleses, mandaram alguns missionários franciscanos e soldados para estabelecer colônias e fortificações aqui. Mission (veja o Passeio 16) e o Presidio são os mais antigos povoamentos da cidade. De 1776 a 1994, o Presidio foi uma base militar que vigiava a entrada da baía, primeiro para os espanhóis, depois para os mexicanos, e, finalmente, para os Estados Unidos. Desde sua desativação em 1994, tornou-se um refúgio para organizações ambientais, um achado no mercado de aluguel de imóveis, sede do Letterman Digital Arts Center – do criador de *Guerra nas Estrelas*, George Lucas – e um ótimo parque. É também o lar de alguns fantasmas.

Pegue o ônibus nº 29 Muni em direção ao Officers' Club e ao Visitor Center, na Moraga Avenue. Ou pegue o nº 41, que é mais frequente, até seu terminal, na Lyon com a Greenwich, ande até a Lombard Gate e aí tome o micro-ônibus PresidiGo. Note que este caminho só percorre parte dos 605ha do Presidio; para ver mais, pegue o micro-ônibus PresidiGo gratuito (www.presidio.gov/directions/presidigo.htm).

Os cartazes do Visitor Center dão uma excelente visão geral do Presidio e de sua história. Contudo, não se faz menção ao fantasma de María de la Concepción Marcela Argüello. Você pode vê-la deslizando pela pista de dança? Os caçadores de fantasma conseguem. Quem era Concepción? Alegre e vivaz, era a filha de 15 anos do comandante espanhol quando, na primavera de 1806, o aristocrata russo Nikolai Petrovitch Rezanov entrou na baía de São Francisco, à procura de comida para seus famintos compatriotas de Sitka, no Alasca. Quando Nicolai partiu, seis semanas depois, ele e Concepción estavam apaixonados. O casal recebeu a ajuda linguística do médico alemão do russo, que conseguia falar latim com o padre espanhol de Concepción. Mas as diferenças religiosas não eram tão fáceis de resolver. Para que eles pudessem casar, Rezanov precisava de uma dispensa do papa e do imperador russo. Com esse assunto para resolver, ele foi embora, e Concepción esperou pacientemente seu retorno. O tempo passou, mas ela nunca olhou para outros pretendentes. Não se sabe se ela foi informada de que Rezanov morreu a caminho de São Petersburgo, mas sabemos que ela se tornou freira dominicana, e ficou na confraria até sua morte, 50 anos depois. Agora ela dança quando a sala está vazia.

ONDE COMER

1 BOWLING ALLEY,
Montgomery Street, Main Post Parade Ground
Tel. 1-415-561-2695
Nada extravagante – o tipo de comida servida em um boliche. $

2 STARBUCKS,
Letterman Digital Arts Center
Tel. 1-415-441-1740
Café em um local gostoso, popular entre aqueles que trabalham no centro de artes. $

3 TERRASSE CAFÉ
no Transit Center, fora do Lincoln Boulevard
Tel. 1-415-922-3463
Mais um restaurante do que um café, com ótimos e saborosos pratos. $$

2 Ao deixar o Officers' Club, a extensão à sua frente é o principal Parade Ground. Vire à direita na Moraga Avenue e vá até a Funston Avenue.

Pershing Hall, à direita, deve seu nome ao general Pershing, que estava a serviço no México quando sua casa queimou e sua família pereceu. O Presidio então criou seu próprio corpo de bombeiros.

À ESQUERDA: A CASA DOS OFICIAIS NO PRESIDIO DURANTE A GUERRA CIVIL

DISTÂNCIA **3,3km (2 milhas)**

DURAÇÃO **2h30**

INÍCIO **Officers' Club e Visitor Center**

TÉRMINO **Officers' Club e Visitor Center**

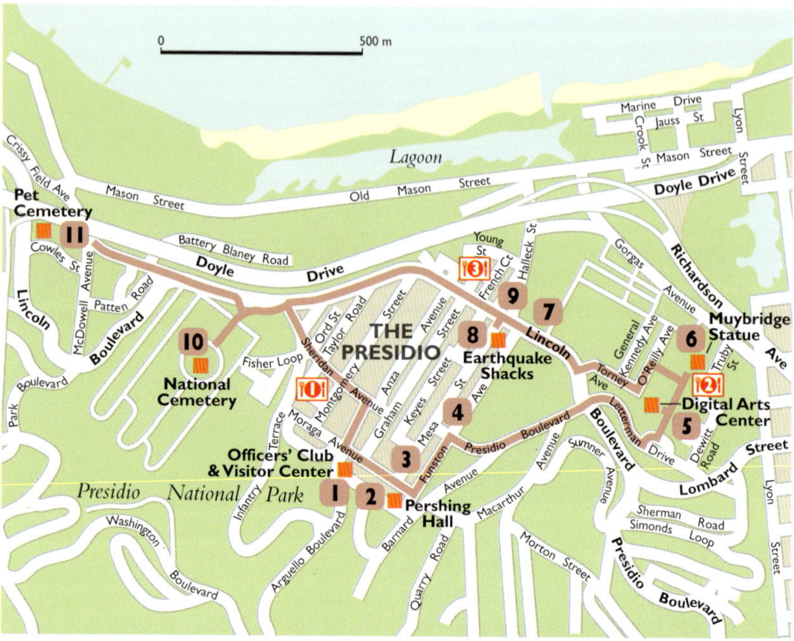

3 Vire à esquerda na Funston Avenue.

A avenida deve seu nome a Frederick Funston (1865-1917), que era o comandante do exército em São Francisco durante o desastre de 1906. Ao enviar tropas à cidade para ajudar a polícia e os bombeiros, ele ultrapassou seus poderes de intervenção militar em uma área civil – contudo foi altamente louvado por sua rápida resposta e pela ação bem-sucedida.

As árvores do outro lado da rua parecem típicas do Presidio como ele é conhecido hoje, mas, até os anos 1870, poucas árvores cresciam nas dunas de areia daqui. Depois que a Guerra de Secessão (1861-65) quase dividiu a nação, o governo sentiu a necessidade de demonstrar força e confiança. O plantio de árvores aqui fez parte dessa demonstração. Além disso, as casas dos oficiais ao longo da Funston (hoje escritórios de pequenas empresas e consultórios) antes ficavam de frente para

o Parade Ground, mas nos anos 1870 os pórticos foram mudados para o fundo (como estão hoje), para que o exército pudesse olhar para a cidade com orgulho.

4 Vire à direita no Presidio Boulevard, e então entre à direita na Letterman Drive. Vire à esquerda em direção ao Letterman Digital Arts Center.

No pátio, à esquerda, está Yoda, e no saguão, atrás, você verá Darth Vader, King Kong e outras estrelas de cinema.

Volte e olhe os prédios ao seu redor: são novos, mas foram projetados nos tons, nos materiais e no espírito do antigo Presidio. O que acha do resultado? E por falar em espíritos, este é outro viveiro de fantasmas. Alguns foram vistos vagueando por aqui, querendo entrar no Letterman Hospital, que ficava neste local durante a Segunda Guerra Mundial, antes de Yoda.

5 Siga pelo jardim planejado e pelos prédios de escritórios, até a estátua de Eadweard J. Muybridge e a vista para o Palace of Fine Arts.

O fotógrafo inglês Muybridge (1830-1904) é homenageado aqui, no meio do Letterman Digital Arts Center, por seu trabalho com o registro dos movimentos. Ele utilizou um sistema de captação instantânea de imagens para documentar que os quatro cascos do cavalo saíam do chão ao mesmo tempo durante o galope. Atrás da estátua havia um grande campo de refugiados em 1906.

6 Vire à esquerda no caminho que passa pelos escritórios. Na O'Reilly Avenue, entre à esquerda, e então à direita na Torney Avenue. A casa da esquina se destinava ao oficial médico--chefe do Army General Hospital; em 1906, foi do tenente-coronel George H. Torney. Seu esforço heroico para evitar maiores epidemias na cidade lhe rendeu muita admiração. Continue na Torney e vire à direita no Lincoln Boulevard. Pare aqui, junto ao leito do riacho, há pouco reformado.

Com o projeto de transformação da base militar em parque ecologicamente sustentável, a área de um antigo depósito de lixo foi saneada, e, assim, este córrego pôde voltar a correr livremente!

ACIMA: A ESTÁTUA DE YODA, NO ALTO DA FONTE DO LETTERMAN DIGITAL ARTS CENTER

7 Atravesse o Lincoln Boulevard e siga até a Mesa Street. Vire à esquerda (subida) na Mesa.

O prédio octogonal à esquerda era o centro cirúrgico do hospital da época da Guerra de Secessão. Antes da luz elétrica, a forma octogonal era considerada ideal para deixar entrar o máximo de luz.

Ao lado do octógono ficam dois pequenos "barracões do terremoto", pintados de verde. Depois do terremoto de 18 de abril de 1906, a cidade ficou em chamas por dias, e mais de 200 mil habitantes se viram sem ter para onde ir. As canalizações de água e de esgoto estavam rompidas. Os suprimentos de comida eram escassos. Não se acendia fogo nas casas sem que as chaminés fossem verificadas. Milhares de pessoas deixaram a cidade. Para alguns, a única opção era acampar no parque. Os oficiais de resgate acharam que os refugiados iam se acostumar com a vida boa, a comida (café fraco, carne fria e areia no feijão, sem mencionar as filas) e o teto de graça (barracas de lona erguidas na lama, banheiros coletivos). Em setembro, boa parte dos refugiados já tinha onde morar, mas para aqueles que ainda precisavam de ajuda foi construído algo mais sólido. Cinco mil barracos (Earthquake Shacks) de madeira foram erguidos para receber 17 mil refugiados.

8 Volte ao Lincoln Boulevard e passe pela Fire Station, à direita na Keyes Avenue, em frente ao Transit Center.

Onde hoje está o First Republic Bank ficavam celas – fantasmas de prisioneiros e guardas foram vistos nos arredores. E uma vez, também, um motorista de ônibus disse que um oficial do exército o fez parar aqui. Quando ele olhou no espelho, o militar havia desaparecido.

9 Siga pelo Lincoln Boulevard até o San Francisco National Cemetery.

Além de Mission Dolores, este é o único cemitério dentro de São Francisco. Aqui têm sido enterrados soldados desde 1849. Hoje há 30 mil túmulos. Quando os caçadores de fantasmas (que se autoproclamam arqueólogos intuitivos) estudaram o Presidio, não vieram a este local, mas é melhor não ficar aqui depois do anoitecer (os portões fecham às 16h30).

10 É um longo caminho, mas para conhecer o Pet Cemetery vire à esquerda no Lincoln Boulevard ao sair do cemitério. Entre à direita na Crissy Field Avenue e desça a ladeira. (Ou siga as placas para os Stables. Uma vez nos estábulos, desça a colina pela McDowell Avenue.)

Este é o lugar de descanso dos animais de estimação, como Big Red Dog, Ole Brown Dog, Champagne, Kiska e Stoli, e Boris, a tartaruga, entre outros.

11 Volte para o National Cemetery. Para sair do cemitério e voltar ao ponto de partida, entre à direita na Sheridan Avenue. No Parade Ground, vire à direita para voltar ao Officers' Club ou à esquerda para chegar ao Transit Center.

À DIREITA: O SAN FRANCISCO NATIONAL CEMETERY, ONDE HÁ SOLDADOS ENTERRADOS DESDE 1849

PASSEIO 23

Apesar de tudo – a ponte Golden Gate

A quem dizia "Isso não é possível!" ou "Não queremos isso!", o visionário construtor Joseph Strauss respondia: "Não tenha medo de sonhar!"

Apesar de quase não ter sido construída, hoje amamos, detestamos, tememos, utilizamos e celebramos a ponte Golden Gate. Na véspera de sua abertura aos veículos, a cidade organizou uma festa que reuniu 200 mil pessoas. Das 6h às 18h de 27 de maio de 1937, cada um quis experimentar a ponte à sua maneira. Havia crianças em carrinhos, gêmeos sobre skates, escoteiros, bailarinos, pessoas andando de ré, outras abraçadas, e uma pulga carregada em uma sacola de plástico. Florentine Calegeri cruzou a ponte de pernas de pau. Milton Pilhashay tentou atravessá-la empurrando uma caixa de pílulas com o nariz, mas desistiu depois de 30m. Walter Farlin foi o primeiro a percorrer a distância do pedágio de São Francisco até Marin e voltar em 17 minutos. A história não guardou o nome do primeiro que conseguiu atravessar a ponte sem pagar. O preço era de cinco cents por lado e os receptáculos para moedas se encheram tão rapidamente que foram substituídos por caçambas. Hoje, a travessia a pé é grátis. Mas não se esqueça de levar roupas quentes para se proteger do frio e do vento!

Pegue o ônibus nº 28 ou 29 Muni, ou qualquer ônibus Golden Gate Transit, e vá até o Information Center Plaza. Dê uma olhada nos cabos em perspectiva transversal e na estátua do construtor da ponte, Joseph Strauss (1870-1938).

O imperador Joshua Norton (1819-80) foi chamado de louco por declarar (entre outras coisas), em 1872, que a ponte deveria ser construída até Sausalito (veja o Passeio 1). Cinquenta anos depois, começou a batalha da construção da ponte, e Joseph Strauss dirigiu o projeto.

Strauss era um homem pequeno – apenas 1,50m de altura –, mas tinha grandes sonhos. Quando o engenheiro civil Michael O'Shaughnessy viu Strauss pela primeira vez, disse a ele: "Todos falam que a ponte não pode ser feita, e que custaria mais de US$ 100 milhões". O'Shaughnessy esperava uma resposta negativa, mas, em vez disso, conseguiu fisgar Strauss.

Os sócios de Strauss eram melhores projetistas e engenheiros do que ele. Sua verdadeira contribuição esteve mais na sua determinação em convencer os céticos. "Ninguém precisa dessa ponte", diziam. A parte norte de São Francisco era pouco povoada e o serviço de ferryboat da baía era excelente. Os vendedores de carros apoiaram o projeto, que podia aumentar suas vendas, assim como os corretores de imóveis. Mas os ambientalistas se opunham ao aumento do trânsito que a ponte traria.

"Será fisicamente impossível", diziam. Nunca havia sido construída uma ponte pênsil tão longa, e sobre o oceano aberto. Teria que suportar fortes ventos e terremotos. O volume de água que passaria entre as pilastras chegava a 2 bilhões de m^3 a cada seis horas, com apenas 20 a 60 minutos de calma entre cada maré – o que resultava em correntes que geralmente excederiam 9km/h.

A torre norte não era difícil de construir – seria erguida em terra seca. Mas a torre sul precisaria ficar a 0,4km da costa, sob 20m de águas turbulentas. Um geólogo da Universidade da Califórnia em Berkeley determinou que o leito poderia suportar as torres; outro, da Universidade Stanford, disse que o leito era muito lamacento. Treze engenheiros – inclusive Michael O'Shaughnessy – julgaram que a ponte não poderia ser construída.

"Custaria caro demais", diziam. O'Shaughnessy dissera que o custo seria de US$100 milhões; Strauss disse que a ponte poderia ser feita por US$35 milhões (e como foi construída durante

À ESQUERDA: A PONTE GOLDEN GATE DOMINA O OCEANO; ACIMA: O CONSTRUTOR JOSEPH STRAUSS

DISTÂNCIA 3,2km (2 milhas) – uma colina e escadarias

DURAÇÃO 2 horas, uma hora a mais se for atravessar a ponte

INÍCIO Golden Gate Bridge Information Center Plaza

TÉRMINO Golden Gate Bridge Information Center Plaza

a Depressão, quando os juros e preços eram baixos, ficou dentro do orçamento). Não houve financiamento do governo. Mesmo depois que se emitiram títulos para financiar a construção, ninguém quis comprá-los! (Strauss convenceu A. P. Giannini, do Bank of America, a comprar boa parte deles; veja o Passeio 1.)

Uma vez o projeto aprovado e os títulos vendidos, era hora de começar a construção. Apenas operários de São Francisco foram contratados, exceto para os cargos mais especializados. Estima-se que toda a construção consumiu 25 milhões de horas.

Strauss priorizou a segurança. Foi um dos primeiros projetos em que se usaram capacetes. US$80 mil foram gastos para estender uma rede de proteção que salvou 19 homens (que se tornaram membros do "Halfway-to-Hell Club"). Mas 11 morreram (número baixo para os padrões da construção): um homem foi esmagado por uma máquina; e dez morreram quando a plataforma em que trabalhavam atravessou a rede de proteção.

À DIREITA: EMBLEMA DE SÃO FRANCISCO, A PONTE GOLDEN GATE É UMA OBRA-PRIMA DA ENGENHARIA

ONDE COMER

1 BRIDGE CAFÉ,
No Information Center
Não tem telefone.
O serviço não é dos mais simpáticos, mas os sanduíches são bons e podem ser levados para viagem. $

2 WARMING HUT,
À beira-mar
Tel. 1-415-561-3040
Comida leve em ambiente confortável. Nos dias frios, fique dentro, mas se tiver sol, tente encontrar um lugar fora. $

2 Aventure-se pela ponte, cruzando-a ou não, conforme sua vontade.

Os dados da ponte são impressionantes. Seu vão principal tem 1.280m – o maior vão único até 1964. O comprimento de toda a estrutura suspensa é de 1.966m, e ela é sustentada por 129 mil km de cabo – o suficiente para embrulhar a Terra várias vezes.

Conforme foi projetada, a Golden Gate se curva em caso de muito trânsito e aumenta e se retrai conforme a temperatura, e oscila de um lado para o outro quando venta. Foi fechada apenas três vezes por causa do tempo, quando o vento chegou a 110-120km/h: no dia 1º de dezembro de 1951 (fechada por três horas); em 23 de dezembro de 1982 (por duas horas); e em 3 de dezembro de 1983 (por 3 horas e 27 minutos). A estrutura da ponte não foi danificada nessas ocasiões, mas os responsáveis ficaram preocupados com o risco de acidentes de trânsito.

As torres Art Déco, que se elevam 227m acima da água, foram projetadas com placas de aço que cobrem a estrutura. Esta vai diminuindo com a altura, criando uma ilusão de que são ainda mais altas do que na realidade. As torres são ocas, com elevadores internos para as equipes de manutenção; cada uma tem cerca de 600 mil rebites.

Quem escolheu a cor? O exército queria que fosse amarela com listras pretas, outros argumentaram que deveria ser cinza metálico (a cor padrão das pontes). Strauss queria que fosse dourada para combinar com o nome. Foi o arquiteto Irving Morrow que escolheu a cor laranja internacional porque ressaltava os tons das Marin Headlands, e podia ser vista em caso de neblina intensa.

Outra estatística – esta feita para dissuadir os imitadores – é relativa ao número de pessoas que pularam da ponte. Diz-se que em 1973, depois da 499ª morte confirmada, a polícia colocou um relógio permanente para contar os mortos, e 14 puladores potenciais brigaram (sem sucesso) pelo cobiçado número 500 – alguns usaram uma camiseta com o número 500 pintado.

Hoje, pontos de assistência estão espalhados por todo o caminho, vídeos monitoram a ponte constantemente, carros de polícia ficam atravessando a ponte, e outros guardas, bem agasalhados, circulam de bicicleta, todos à procura de comportamentos suspeitos. Existe um projeto de instalação de barreiras para evitar que as pessoas possam pular.

3 **Volte para a Information Plaza e siga a sinalização até Fort Point.**

Note o conjunto de trincheiras ao longo do caminho, parte de um antigo sistema de canhões da entrada da baía. Se olhar para cima, talvez veja um falcão voando pela corrente de vento.

4 **No pé da escada, vire à esquerda em direção ao Fort Point.**

Por que um forte debaixo de uma ponte? Na verdade, o forte foi construído antes. Erguido entre 1853 e 1861, Fort Point ficava à beira da entrada da baía, e esperava por um inimigo que nunca apareceu. O projeto original da ponte previa a demolição do forte, mas Strauss insistiu em que fosse criado um arco especial para preservar a construção.

Se o quebra-mar que fica atrás do forte lhe parece familiar, isso se deve ao filme *Um Corpo que Cai*. Madeleine, atormentada pela lembrança de Carlotta, tenta se afogar atirando-se na água neste lugar. Scottie a salva.

www.nps.gov/fopo/historyculture

5 **Volte pela Marine Drive até o Fort Point Wharf (1908).**

Se você gosta de andar, vá até o caminho que segue a costa. Esta é a área reformada de Crissy Field (antigo campo de pouso militar), que fica particularmente linda na primavera. Volte pelo mesmo caminho que utilizou para chegar.

6 **Suba a colina seguindo a sinalização até a Information Plaza, onde você pode pegar o ônibus nº 28 ou 29 Muni ou qualquer ônibus Golden Gate Transit em direção à cidade.**

ACIMA: O FORT POINT FOI ERGUIDO PARA PROTEGER O PORTO DURANTE E APÓS A GUERRA DE SECESSÃO

PASSEIO

24 Pôr do sol em Land's End

Um passeio espetacular em um lugar maravilhoso, que destaca o ponto exato em que São Francisco se projeta no "mar do pôr do sol".

Aproveite a incrível vista deste lugar que os indígenas chamavam de "mar do pôr do sol". Caminhe pela pequena trilha arborizada que parece um esconderijo. Visite o museu inspirado no Palais de la Légion d'Honneur de Paris, do século 18, embora se encontre no meio de um campo de golfe. Ande pelos vestígios da propriedade do excêntrico Adolph Sutro, no alto da colina. Siga a rota de seu antigo trem, construído para trazer a população do centro para curtir uma enorme piscina de água salgada (hoje em ruínas). Ouça o estrondo das ondas e o barulho das sirenes de alerta quando há neblina. Entre em uma cabana escura para ver imagens de praia, surfe e gaivotas, projetadas por meio de uma técnica desenvolvida por Leonardo da Vinci. Note que o Legion of Honor daqui e o de Young no Golden Gate Park (veja o Passeio 19) são museus irmãos: o ingresso do Legion pode ser usado no mesmo dia para entrar no de Young. E também mostre seu passe de transporte para obter um desconto. Se quiser, tente fazer este passeio na maré baixa para ver os navios naufragados, e ao meio-dia para evitar a neblina.

1 **Pegue o ônibus nº 1 até o terminal, na Geary Street com a 32nd Avenue. Volte por um quarteirão pela 32nd até a Clement Street, vire à esquerda (na beira do campo de golfe) e vá até a 34th Avenue; entre à direita na Legion of Honor Drive e caminhe pelo campo de golfe até o Legion of Honor Museum.**

Estudante de arte faminta que se tornou dama e benfeitora, Alma de Bretteville Spreckels se apaixonou pelo Pavilhão Francês da Exposição Internacional Panamá-Pacífico de 1915. Como era casada com Adolph B. Spreckels (1857-1924), conseguia obter o que queria. Com a autorização da França, mandou erguer uma réplica dele aqui. Acreditando ter por missão tornar a arte acessível ao público, ela não somente financiou a construção como doou grande parte de sua coleção privada, inclusive *O Pensador* (no pátio da frente) e outras esculturas de Rodin. (Veja a residência dos Spreckels no Passeio 15.)

Quem gosta do filme *Um Corpo que Cai,* de Alfred Hitchcock, pode procurar o retrato de Carlotta Valdez que tanto fascinava Madeleine – mas ele não está aqui, e nunca esteve.

LEGION OF HONOR MUSEUM;
www.famsf.org/legion

2 **Atravesse o estacionamento na frente do museu e terá a vista do centro da cidade, então volte à direita pela calçada até o Holocaust Memorial.**

Pegue o atalho que desce à esquerda até o Memorial e então entre à esquerda em El Camino del Mar (que aqui mais parece um estacionamento) e siga até o final, quando se torna uma trilha arborizada. Siga a sinalização e entre à direita, em direção à Coast Trail. Vire à esquerda na Coast Trail, seguindo as placas para Sutro Baths e o *USS San Francisco.*

Esta é, na verdade, a Lincoln Highway, a primeira estrada transcontinental do país, que acabava aqui no Lincoln Park. A Coast Trail segue os trilhos da "Sutro Railroad". Até que a linha de bonde de Sutro fosse construída, esta área era acessível apenas aos que pudessem alugar ou possuíssem cavalo ou carruagem para passar o dia inteiro aqui.

Ao olhar para o oceano, você vai descobrir que surfe, a frequente neblina e as rochas submersas rimam com perigo. Na maré baixa, você pode dar uma

À ESQUERDA: AS RUÍNAS DOS SUTRO BATHS; ACIMA: *O PENSADOR,* DE RODIN, NO LEGION OF HONOR MUSEUM

DISTÂNCIA **5km (3 milhas) – algumas subidas e escadarias**

DURAÇÃO **Metade do dia, mais 2h se visitar o Legion of Honor Museum**

INÍCIO **Geary Street com a 32nd Avenue**

TÉRMINO **Fulton Street**

olhada em alguns navios naufragados. Em 1901, o navio *City of Rio de Janeiro* bateu perto de Mile Rock (a nordeste de Land's End), e logo depois foi construído um farol, embora não sem dificuldade. Mile Rock também tem uma sirene de neblina que soa por dois segundos na nota dó a cada 30 segundos. (Outras sirenes soam no vão e na torre sul da ponte Golden Gate, e nas extremidades noroeste e sudeste de Alcatraz.)

3 Continue pela Coast Trail, então entre à direita, seguindo as placas, e vá até as Ruins of Sutro Baths.

As ruínas que você vê agora são tudo o que resta do que já foi um dos mais incríveis e surpreendentes centros de diversões (1896-1966). Um telhado de vidro protegia das intempéries as amplas esplanadas, as escadas, um museu de história natural, flores e palmeiras, um anfiteatro, múmias enfaixadas ou não, aves empalhadas e uma coleção de moedas. O prédio podia receber 25 mil visitantes. Mais de 500 cabines, com sabão, toalhas, duchas, guarda-volumes e roupões de algodão atendiam 1.600 banhistas. Havia seis piscinas de água salgada e uma de água doce para saltos. Custava US$0,25 para nadar e US$0,10 para olhar. Com o passar do tempo, a clientela diminuiu e o custo de manutenção ultrapassou a receita. Durante uma época, os banhos foram transformados em pista de skate. Em 1966, na época em que os banhos iam ser demolidos, um incêndio (possivelmente criminoso) os destruiu. As ruínas hoje sofrem com a erosão.

ACIMA: O HOLOCAUST MEMORIAL, NO LINCOLN PARK

ONDE COMER

🍴1 LOUIS',
902 Point Lobos Avenue
Tel. 1-415-387-6330
Lugar para o café da manhã e o almoço que só aceita dinheiro vivo. $

🍴2 BEACH CHALET,
1000 Great Highway
Tel. 1-415-386-8439
Café ou pub e restaurante: duas opções que ficam lotadas nos dias de sol. $$

🍴3 SAFEWAY,
850 La Playa Street com a Fulton
Tel. 1-415-387-4664
Boa oferta de saladas, sanduíches e comida para piquenique. $

4 Volte dos banhos subindo até o sinal de trânsito, na esquina da Point Lobos Avenue com a 48th Avenue. Cruze a Point Lobos e entre pela porta guardada por um leão até Sutro Heights.

Aqui foi a residência de Adolph Sutro (1830-98), imigrante alemão, mineiro, bibliófilo, engenheiro, arborista e prefeito. Seus herdeiros tinham muitas terras, mas pouca liquidez, e acabaram por vendê-las para a cidade, que rapidamente derrubou a mansão com o jardim de estátuas, cuja manutenção era cara demais.

Sutro fez fortuna ao projetar um túnel para drenar e ventilar as minas de prata de Nevada. Ao regressar a São Francisco, nos anos 1860, nem mesmo sua fortuna lhe adiantou para que ele fosse aceito pelos esnobes de Nob Hill. Em resposta, resolveu limpar o meio político (elegeu-se prefeito, mas não conseguiu ser tão bem-sucedido – a máquina política não sabia ainda o sentido de "limpeza"). Contudo, melhorou bastante a cidade ao plantar milhares de árvores e permitir que os moradores fizessem atividades físicas ao ar livre. Abriu suas terras ao público (para evitar o lixo, os visitantes deixavam as cestas de piquenique na entrada). Projetou a linha de bonde, os Baths e comprou a Cliff House (veja abaixo).

5 Depois de visitar Sutro Heights, saia, cruze de novo a Point Lobos Avenue e desça pelo caminho pavimentado que leva à Cliff House.

O aspecto bastante simples da fachada desta casa, a mais recente Cliff House do lugar, contradiz a magnificência de seu interior. As antigas casas caíram, vítimas do vento e da maresia, de fogos de chaminé ou da estrutura, e certa vez do naufrágio, nas rochas abaixo, da escuna *Parallel*, que estava carregada com querosene, uma caixa de dinamite e 23kg de pólvora, pesando cerca de 42 toneladas.

Escondida atrás da Cliff House fica a câmera obscura. Baseada em um projeto de Leonardo da Vinci, uma série de espelhos rotativos projeta nítidas imagens em uma grande superfície em forma de disco parabólico. São incríveis imagens de surfe, gaivotas e dos passantes.

6 **Continue descendo pela Great Highway ou pela Ocean Beach. (Não é uma boa praia para nadar – tem marés agitadas, uma contracorrente e ondas traiçoeiras, sem mencionar o frio!) Na Fulton Street, atravesse a Great Highway e entre no Golden Gate Park para visitar o Dutch Windmill e o Tulip Garden.**

O moinho de vento (Dutch Windmill) foi construído (em 1901) para que a cidade não precisasse comprar água para irrigar o parque, já que eram exorbitantes os preços cobrados pela Spring Valley Water Company, que tinha o monopólio. Com 23m de altura, era um ponto reconhecível pelos navios que se aproximavam da ponte Golden Gate. Seu sucesso levou à construção de um segundo moinho de vento em 1905 (o "Murphy", do nome do banqueiro que o financiou). Em 1913, bombas elétricas os substituíram, e eles entraram em desuso. Uma tempestade nos anos 1930 arrancou as velas.

7 **Volte para a Great Highway, vire à esquerda e siga até o Beach Chalet, no nº 1000 da Great Highway.**

O chalé foi projetado em 1925 por Willis Polk (veja o Passeio 15) para os banhistas trocarem de roupa. Em 1936, Lucien Labaudt criou os afrescos e os mosaicos.

8 **Volte para a Fulton Street e vire à direita para pegar o ônibus nº 5 Fulton em direção ao centro.**

ACIMA: AFRESCO DO BEACH CHALET, DESENHADO POR LUCIEN LABAUDT EM 1936

A FACHADA SIMPLES DA CLIFF HOUSE SE ENFEITA COM A LINDA VISTA DA COSTA DO PACÍFICO

ÍNDICE

AGRADECIMENTOS

A Automobile Association agradece aos seguintes fotógrafos e organizações por sua contribuição para a preparação deste livro.

Abreviaturas dos créditos fotográficos como se segue – (AA) AA World Travel Library

Capa: Look/Look/Latinstock e Mitchell Funk/Getty Images

3 Stephen Saks Photography/Alamy; 7 Curtis Martin/Lonely Planet Images; 8 Sergio Lanza/Fotolibra; 11 Julian Page/Fotolibra; 13 Sergio Lanza/Fotolibra; 14 Sergio Lanza/Fotolibra; 18 Eileen Keremitsis; 20/21 SIME/Frances Stephane/4Corners Images; 22 Rick Gerharter/Lonely Planet Images; 23 Eileen Keremitsis; 25 Eileen Keremitsis; 27 Anthony Pidgeon/Lonely Planet Images; 28 Paul Collis/Alamy; 31 Eileen Keremitsis; 33 Julian Page/Fotolibra; 34/35 Julian Page/Fotolibra; 36 Julian Page/Fotolibra; 37 Eileen Keremitsis; 41 Julian Page/Fotolibra; 42 World Pictures/Photoshot; 45 John Lander/Alamy; 46 Anthony Pidgeon/Lonely Planet Images; 48/49 Roberto Soncin Gerometta/Alamy; 50 Ray Laskowitz/Lonely Planet Images; 53 Anthony Pidgeon/Lonely Planet Images; 55 World Pictures/Photoshot; 56 David R Frazier Photolibrary, Inc/Alamy; 57 Eileen Keremitsis; 59 John Elk III/Lonely Planet Images; 60 World Pictures/Photoshot; 62/63 Holger Leue/Lonely Planet Images; 64 David R Frazier Photolibrary, Inc./Alamy; 67 Richard I'Anson/Lonely Planet Images; 69 Eileen Keremitsis; 70 Fabian Gonzales Editorial/Alamy; 71 Anthony Pidgeon/Lonely Planet Images; 73 Sergio Lanza/Fotolibra; 75 Clive Sawyer; 76/77 Sergio Lanza/Fotolibra; 78 Art Kowalsky/Alamy; 81 Eileen Keremitsis; 82 Clive Sawyer; 84 Rick Gerharter/Lonely Planet Images; 85 Renaud Visage / Alamy; 87 Lee Beel/Fotolibra; 88 Richard Cummins/Lonely Planet Images; 90/91 Rick Gerharter/Lonely Planet Images; 92 SIME/Giovanni Simeone/4Corners Images; 93 Richard Cummins/Lonely Planet Images; 96 Eileen Keremitsis; 97 Eileen Keremitsis; 98 Sergio Lanza/Fotolibra; 99 Sergio Lanza/Fotolibra; 101 Sergio Lanza/Fotolibra; 104/105 Ei Katsumata/Alamy; 106 Ron Scherl/Fotolibra; 109 Ron Scherl/Fotolibra; 110 Eileen Keremitsis; 112 Anthony Pidgeon/Lonely Planet Images; 113 Eileen Keremitsis; 116 John Lander/Alamy; 118/119 Clive Sawyer; 120 Curtis Martin/Lonely Planet Images; 123 Eileen Keremitsis; 125 Sergio Lanza/Fotolibra; 126 Eileen Keremitsis; 127 Sergio Lanza/Fotolibra; 130/131 Gary Crabbe/Alamy; 132/133 Garry Gay/Alamy; 134 Mike Savage/Fotolibra; 135 Ron Scherl/Fotolibra; 137 Ron Scherl/Fotolibra; 139 Richard Cummins/Lonely Planet Images; 140 Eileen Keremitsis; 143 Richard Cummins/Lonely Planet Images; 144 Richard Wong/www.rwongphoto.com/Alamy; 145 Clive Sawyer; 146/147 Danita Delimont/Alamy; 148 Chuck Nacke/Alamy; 149 Eileen Keremitsis; 153 Ionas Kaltenbach/Lonely Planet Images; 154 Eileen Keremitsis; 157 Eileen Keremitsis; 159 Gary Crabbe/Alamy; 160 World Pictures/Photoshot; 161 Eileen Keremitsis; 163 Paul Harris/Getty Images; 165 4Corners/Borchi Massimo; 166 Anthony Pidgeon/Lonely Planet Images; 167 Amritaphotos/Alamy; 169 ABN Stock Image /Alamy; 171 Eileen Keremitsis; 172/173 Danita Delimont/Alamy.

Foram feitos todos os esforços para identificar os detentores do copyright, e pedimos desculpas antecipadamente por quaisquer omissões não intencionais ou erros. Faremos de bom grado as devidas correções em eventuais reedições desta publicação.